《中华人民共和国民法典》
人格权编学习读本

中共中央宣传部宣传教育局
全国人大常委会法制工作委员会民法室
司法部普法与依法治理局
编

 中国民主法制出版社

图书在版编目（CIP）数据

《中华人民共和国民法典》人格权编学习读本/中共中央宣传部宣传教育局，全国人大常委会法制工作委员会民法室，司法部普法与依法治理局编.—北京：中国民主法制出版社，2021.1
　ISBN 978–7–5162–2223–2

　Ⅰ.①中… Ⅱ.①中… ②全… ③司… Ⅲ.①人格—权利—法学—中国—学习参考资料 Ⅳ.①D923.14

中国版本图书馆 CIP 数据核字（2020）第 069266 号

图书出品人：刘海涛
出 版 统 筹：乔先彪
责 任 编 辑：乔先彪　陈　曦　逯卫光　庞贺鑫
　　　　　　　许泽荣　贾萌萌　谢瑾勋

书名/《中华人民共和国民法典》人格权编学习读本
作者/中 共 中 央 宣 传 部 宣 传 教 育 局
　　　全国人大常委会法制工作委员会民法室　编
　　　司 法 部 普 法 与 依 法 治 理 局

出版·发行/中国民主法制出版社
地址/北京市丰台区右安门外玉林里 7 号（100069）
电话/（010）63055259（总编室）　63058068　63057714（营销中心）
传真/（010）63055259
http：//www.npcpub.com
E-mail：mzfz@npcpub.com
经销/新华书店
开本/32 开　880 毫米 × 1230 毫米
印张/5.125　**字数**/116 千字
版本/2021 年 2 月第 1 版　2021 年 2 月第 1 次印刷
印刷/北京新华印刷有限公司

书号/ISBN 978–7–5162–2223–2
定价/22.00 元
出版声明/版权所有，侵权必究。

（如有缺页或倒装，本社负责退换）

出版说明

为深入学习贯彻习近平法治思想,加强民法典学习宣传工作,根据《中共中央宣传部等八部门关于加强民法典学习宣传的通知》要求,中共中央宣传部宣传教育局、全国人大常委会法制工作委员会民法室、司法部普法与依法治理局联合编辑出版了《民法典学习读本系列》,分民法典总则编、物权编、合同编、人格权编、婚姻家庭编、继承编、侵权责任编等7编。编写本书旨在以通俗、凝练、生动的语言,让民法典走到群众身边、走进群众心里,切实增强全民法治观念,提升公民法治素养,夯实依法治国社会基础,供干部群众实践中使用。

2020 年 12 月 4 日

编 者

习近平在中央政治局第二十次集体学习时强调

充分认识颁布实施民法典重大意义 依法更好保障人民合法权益

《人民日报》（2020年05月30日 01版）

民法典在中国特色社会主义法律体系中具有重要地位，是一部固根本、稳预期、利长远的基础性法律，对推进全面依法治国、加快建设社会主义法治国家，对发展社会主义市场经济、巩固社会主义基本经济制度，对坚持以人民为中心的发展思想、依法维护人民权益、推动我国人权事业发展，对推进国家治理体系和治理能力现代化，都具有重大意义。全党要切实推动民法典实施，以更好推进全面依法治国、建设社会主义法治国家，更好保障人民权益

民法典系统整合了新中国70多年来长期实践形成的民事法律规范，汲取了中华民族5000多年优秀法律文化，借鉴了人类法治文明建设有益成果，是一部体现我国社会主义性质、符合人民利益和愿望、顺应时代发展要求的民法典，是一部体现对生命健康、财产安全、交易便利、生活幸福、人格尊严等各方面权利平等保护的民法典，是一部具有鲜明中国特色、实践特色、时代特色的民法典

民法典实施水平和效果，是衡量各级党政机关履行为人民服务宗旨的重要尺度。国家机关履行职责、行使职权必须清楚自身行为和活动的范围和界限。各级党和国家机关开展工作要考虑民法典规定，不能侵犯人民群众享有的合法民事权利，包

括人身权利和财产权利。有关政府机关、监察机关、司法机关要依法履行职能、行使职权，保护民事权利不受侵犯、促进民事关系和谐有序

民法典要实施好，就必须让民法典走到群众身边、走进群众心里。要广泛开展民法典普法工作，将其作为"十四五"时期普法工作的重点来抓。要把民法典纳入国民教育体系，加强对青少年民法典教育

新华社北京5月29日电 中共中央政治局5月29日下午就"切实实施民法典"举行第二十次集体学习。中共中央总书记习近平在主持学习时强调，民法典在中国特色社会主义法律体系中具有重要地位，是一部固根本、稳预期、利长远的基础性法律，对推进全面依法治国、加快建设社会主义法治国家，对发展社会主义市场经济、巩固社会主义基本经济制度，对坚持以人民为中心的发展思想、依法维护人民权益、推动我国人权事业发展，对推进国家治理体系和治理能力现代化，都具有重大意义。全党要切实推动民法典实施，以更好推进全面依法治国、建设社会主义法治国家，更好保障人民权益。

全国人大常委会法制工作委员会民法室主任、中国法学会行政法学研究会副会长黄薇同志就这个问题进行了讲解，提出了意见和建议。

习近平在主持学习时发表了讲话。他强调，《中华人民共和国民法典》，是新中国成立以来第一部以"法典"命名的法律，是新时代我国社会主义法治建设的重大成果。安排这次集体学习，目的是充分认识颁布实施民法典的重大意义，更好推动民法典实施。

习近平指出，在我国革命、建设、改革各个历史时期，我们党都高度重视民事法律制定实施。改革开放以来,我国民事商事法制建设步伐不断加快,先后制定或修订了一大批民事商事法律,为编纂民法典奠定了基础、积累了经验。党的十八大以来,我们顺应实践发展要求和人民群众期待,把编纂民法典摆上重要日程。党的十八届四中全会作出关于全面推进依法治国若干重大问题的决定,其中对编纂民法典作出部署。在各方面共同努力下,经过5年多工作,民法典终于颁布实施,实现了几代人的夙愿。

习近平强调,民法典系统整合了新中国70多年来长期实践形成的民事法律规范,汲取了中华民族5000多年优秀法律文化,借鉴了人类法治文明建设有益成果,是一部体现我国社会主义性质、符合人民利益和愿望、顺应时代发展要求的民法典,是一部体现对生命健康、财产安全、交易便利、生活幸福、人格尊严等各方面权利平等保护的民法典,是一部具有鲜明中国特色、实践特色、时代特色的民法典。

习近平指出,要加强民法典重大意义的宣传教育,讲清楚实施好民法典,是坚持以人民为中心、保障人民权益实现和发展的必然要求,是发展社会主义市场经济、巩固社会主义基本经济制度的必然要求,是提高我们党治国理政水平的必然要求。民法典实施水平和效果,是衡量各级党政机关履行为人民服务宗旨的重要尺度。国家机关履行职责、行使职权必须清楚自身行为和活动的范围和界限。各级党和国家机关开展工作要考虑民法典规定,不能侵犯人民群众享有的合法民事权利,包括人身权利和财产权利。有关政府机关、监察机关、司法机关要依法履行职能、行使职权,保护民事权利不受侵犯、促进民事关系和谐有序。

习近平强调,有关国家机关要适应改革开放和社会主义现代化建设要求,加强同民法典相关联、相配套的法律法规制度建设，不断总结实践经验，修改完善相关法律法规和司法解释。对同民法典规定和原则不一致的国家有关规定，要抓紧清理，该修改的修改，该废止的废止。要发挥法律解释的作用，及时明确法律规定含义和适用法律依据，保持民法典稳定性和适应性相统一。随着经济社会不断发展、经济社会生活中各种利益关系不断变化，民法典在实施过程中必然会遇到一些新情况新问题。要坚持问题导向，适应技术发展进步新需要，在新的实践基础上推动民法典不断完善和发展。

习近平指出，严格规范公正文明执法，提高司法公信力，是维护民法典权威的有效手段。各级政府要以保证民法典有效实施为重要抓手推进法治政府建设，把民法典作为行政决策、行政管理、行政监督的重要标尺，不得违背法律法规随意作出减损公民、法人和其他组织合法权益或增加其义务的决定。要规范行政许可、行政处罚、行政强制、行政征收、行政收费、行政检查、行政裁决等活动，提高依法行政能力和水平。依法严肃处理侵犯群众合法权益的行为和人员。民事案件同人民群众权益联系最直接最密切。各级司法机关要秉持公正司法，提高民事案件审判水平和效率。要加强民事司法工作，提高办案质量和司法公信力。要及时完善相关民事司法解释，使之同民法典及有关法律规定和精神保持一致，统一民事法律适用标准。要加强对涉及财产权保护、人格权保护、知识产权保护、生态环境保护等重点领域的民事审判工作和监督指导工作，及时回应社会关切。要加强民事检察工作，加强对司法活动的监督，畅通司法救济渠道，保护公民、法人和其他组织合法权益，坚决防止以刑事案件名义插手民事纠纷、经济纠纷。要充分发挥律师事务所和律师等法律专业机构、专业人员的作用，帮助群众实现和维护自身合法权益，同时要发挥人民调解、商事仲裁等多元化纠纷解决机制的作用，加强法律援助、司法救助等工作,通过社会力量和基层组织务实解决民事纠纷,多方面推进民法典实施工作。

习近平强调,民法典要实施好,就必须让民法典走到群众身边、走进群众心里。要广泛开展民法典普法工作,将其作为"十四五"时期普法工作的重点来抓,引导群众认识到民法典既是保护自身权益的法典,也是全体社会成员都必须遵循的规范,养成自觉守法的意识,形成遇事找法的习惯,培养解决问题靠法的意识和能力。要把民法典纳入国民教育体系,加强对青少年民法典教育。要聚焦民法典总则编和各分编需要把握好的核心要义和重点问题,阐释好民法典关于民事活动平等、自愿、公平、诚信等基本原则,阐释好民法典关于坚持主体平等、保护财产权利、便利交易流转、维护人格尊严、促进家庭和谐、追究侵权责任等基本要求,阐释好民法典一系列新规定新概念新精神。

习近平强调,要坚持以中国特色社会主义法治理论为指导,立足我国国情和实际,加强对民事法律制度的理论研究,尽快构建体现我国社会主义性质,具有鲜明中国特色、实践特色、时代特色的民法理论体系和话语体系,为有效实施民法典、发展我国民事法律制度提供理论支撑。

习近平指出,各级党和国家机关要带头宣传、推进、保障民法典实施,加强检查和监督,确保民法典得到全面有效执行。各级领导干部要做学习、遵守、维护民法典的表率,提高运用民法典维护人民权益、化解矛盾纠纷、促进社会和谐稳定能力和水平。

习近平在中央全面依法治国工作会议上强调

坚定不移走中国特色社会主义法治道路 为全面建设社会主义现代化国家 提供有力法治保障

李克强主持　栗战书汪洋赵乐际韩正出席　王沪宁讲话

《人民日报》（2020年11月18日　第01版）

  推进全面依法治国要全面贯彻落实党的十九大和十九届二中、三中、四中、五中全会精神，从把握新发展阶段、贯彻新发展理念、构建新发展格局的实际出发，围绕建设中国特色社会主义法治体系、建设社会主义法治国家的总目标，坚持党的领导、人民当家作主、依法治国有机统一，以解决法治领域突出问题为着力点，坚定不移走中国特色社会主义法治道路，在法治轨道上推进国家治理体系和治理能力现代化，为全面建设社会主义现代化国家、实现中华民族伟大复兴的中国梦提供有力法治保障

  习近平法治思想内涵丰富、论述深刻、逻辑严密、系统完备，从历史和现实相贯通、国际和国内相关联、理论和实际相结合上深刻回答了新时代为什么实行全面依法治国、怎样实行全面依法治国等一系列重大问题。习近平法治思想是顺应实现中华民族伟大复兴时代要求应运而生的重大理论创新成果，是马克思主义法治理论中国化最新成果，是习近平新时代中国特色社会主义思想的重要组成部分，是全面依法治国的根本遵循和行动指南。全党全国要认真学习领会习近平法治思想，吃透基本精神、把握核心要义、明确工作要求，切实把习近平法治

思想贯彻落实到全面依法治国全过程

要坚持党对全面依法治国的领导。要坚持以人民为中心。要坚持中国特色社会主义法治道路。要坚持依宪治国、依宪执政。要坚持在法治轨道上推进国家治理体系和治理能力现代化。要坚持建设中国特色社会主义法治体系。要坚持依法治国、依法执政、依法行政共同推进，法治国家、法治政府、法治社会一体建设。要坚持全面推进科学立法、严格执法、公正司法、全民守法。要坚持统筹推进国内法治和涉外法治。要坚持建设德才兼备的高素质法治工作队伍。要坚持抓住领导干部这个"关键少数"

本报北京11月17日电　中央全面依法治国工作会议11月16日至17日在北京召开。中共中央总书记、国家主席、中央军委主席习近平出席会议并发表重要讲话，强调推进全面依法治国要全面贯彻落实党的十九大和十九届二中、三中、四中、五中全会精神，从把握新发展阶段、贯彻新发展理念、构建新发展格局的实际出发，围绕建设中国特色社会主义法治体系、建设社会主义法治国家的总目标，坚持党的领导、人民当家作主、依法治国有机统一，以解决法治领域突出问题为着力点，坚定不移走中国特色社会主义法治道路，在法治轨道上推进国家治理体系和治理能力现代化，为全面建设社会主义现代化国家、实现中华民族伟大复兴的中国梦提供有力法治保障。

会议强调，习近平法治思想内涵丰富、论述深刻、逻辑严密、系统完备，从历史和现实相贯通、国际和国内相关联、理论和实际相结合上深刻回答了新时代为什么实行全面依法治国、怎样实行全面依法治国等一系列重大问题。习近平法治思想是顺应实现中华民族伟大复兴时代要求应运而生的重大理论创新成果,是马克思主义法治理论中国化最新成果,是习近平新时代中国特色社会主义思想的重要组成部分,是全面依法治国的根本遵循和行动指南。全党全国要认真学习领会习近平法治思想,吃透基本精神、把握核心要义、明确工作要求,切实把习近平法治思想贯彻落实到全面依法治国全过程。

李克强主持会议。栗战书、汪洋、赵乐际、韩正出席会议。王沪宁作总结讲话。

习近平在讲话中强调,我们党历来重视法治建设。党的十八大以来,党中央明确提出全面依法治国,并将其纳入"四个全面"战略布局予以有力推进。党的十八届四中全会专门进行研究,作出关于全面推进依法治国若干重大问题的决定。党的十九大召开后,党中央组建中央全面依法治国委员会,从全局和战略高度对全面依法治国又作出一系列重大决策部署,推动我国社会主义法治建设发生历史性变革、取得历史性成就,全面依法治国实践取得重大进展。

习近平对当前和今后一个时期推进全面依法治国要重点抓好的工作提出了11个方面的要求。

习近平强调,要坚持党对全面依法治国的领导。党的领导是推进全面依法治国的根本保证。国际国内环境越是复杂,改革开放和社会主义现代化建设任务越是繁重,越要运用法治思维和法治手段巩固执政地位、改善执政方式、提高执政能力,保证党和国家长治久安。全面依法治国是要加强和改善党的领导,健全党领导全面依法治国的制度和工作机制,推进党的领导制度化、法治化,通过法治保障党的路线方针政策有效实施。

习近平强调,要坚持以人民为中心。全面依法治国最广泛、最深厚的基础是人民,必须坚持为了人民、依靠人民。要把体现人民利益、反映人民愿望、维护人民权益、增进人民福祉落实到全面依法治国各领域全过程。推进全面依法治国,根本目的是依法保障人民权益。要积极回应人民群众新要求新期待,系统研究谋划和解决法治领域人民群众反映强烈的突出问题,不断增强人民群众获得感、幸福感、安全感,用法治保障人民安居乐业。

习近平指出,要坚持中国特色社会主义法治道路。中国特色社会主义法治道路本质上是中国特色社会主义道路在法治领域的具体体现。既要立足当前,运用法治思维和法治方式解决经济社会发展面临的深层次问题;又要着眼长远,筑法治之基、行法治之力、积法治之势,促进各方面制度更加成熟更加定型,为党和国家事业发展提供长期性的制度保障。要传承中华优秀传统法律文化,从我国革命、建设、改革的实践中探索适合自己的法治道路,同时借鉴国外法治有益成果,为全面建设社会主义现代化国家、实现中华民族伟大复兴夯实法治基础。

习近平强调,要坚持依宪治国、依宪执政。党领导人民制定宪法法律,领导人民实施宪法法律,党自身要在宪法法律范围内活动。全国各族人民、一切国家机关和武装力量、各政党和各社会团体、各企业事业组织,都必须以宪法为根本的活动准则,都负有维护宪法尊严、保证宪法实施的职责。坚持依宪治国、依宪执政,就包括坚持宪法确定的中国共产党领导地位不动摇,坚持宪法确定的人民民主专政的国体和人民代表大会制度的政体不动摇。

习近平指出,要坚持在法治轨道上推进国家治理体系和治理能力现代化。法治是国家治理体系和治理能力的重要依托。只有全面依法治国才能有效保障国家治理体系的系统性、规范性、协调性,才能最大限度凝聚社会共识。在统筹推进伟大斗争、伟大工程、伟大事业、伟大梦想的实践中,在全面建设社会主义现代化国家新征程上,我们要更加重视法治、厉行法治,更好发挥法治固根本、稳预期、利长远的重要作用,坚持依法应对重大挑战、抵御重大风险、克服重大阻力、解决重大矛盾。

习近平指出,要坚持建设中国特色社会主义法治体系。中国特色社会主义法治体系是推进全面依法治国的总抓手。要加快形成完备的法律规范体系、高效的法治实施体系、严密的法治监督体系、有力的法治保障体系,形成完善的党内法规体系。要坚持依法治国和以德治国相结合,实现法治和德治相辅相成、相得益彰。要积极推进国家安全、科技创新、公共卫生、生物安全、生态文明、防范风险、涉外法治等重要领域立法,健全国家治理急需的法律制度、满足人民日益增长的美好生活需要必备的法律制度,以良法善治保障新业态新模式健康发展。

习近平强调,要坚持依法治国、依法执政、依法行政共同推进,法治国家、法治政府、法治社会一体建设。全面依法治国是一个系统工程,要整体谋划,更加注重系统性、整体性、协同性。法治政府建设是重点任务和主体工程,要率先突破,用法治给行政权力定规矩、划界限,规范行政决策程序,加快转变政府职能。要推进严格规范公正文明执法,提高司法公信力。普法工作要在针对性和实效性上下功夫,特别是要加强青少年法治教育,不断提升全体公民法治意识和法治素养。要完善预防性法律制度,坚持和发展新时代"枫桥经验",促进社会和谐稳定。

习近平指出,要坚持全面推进科学立法、严格执法、公正司法、全民守法。要继续推进法治领域改革,解决好立法、执法、司法、守法等领域的突出矛盾和问题。公平正义是司法的灵魂和生命。要深化司法责任制综合配套改革,加强司法制约监督，健全社会公平正义法治保障制度，努力让人民群众在每一个司法案件中感受到公平正义。要加快构建规范高效的制约监督体系。要推动扫黑除恶常态化，坚决打击黑恶势力及其"保护伞"，让城乡更安宁、群众更安乐。

习近平强调，要坚持统筹推进国内法治和涉外法治。要加快涉外法治工作战略布局，协调推进国内治理和国际治理，更好维护国家主权、安全、发展利益。要强化法治思维，运用法治方式，有效应对挑战、防范风险，综合利用立法、执法、司法等手段开展斗争，坚决维护国家主权、尊严和核心利益。要推动全球治理变革，推动构建人类命运共同体。

习近平指出，要坚持建设德才兼备的高素质法治工作队伍。要加强理想信念教育，深入开展社会主义核心价值观和社会主义法治理念教育，推进法治专门队伍革命化、正规化、专业化、职业化，确保做到忠于党、忠于国家、忠于人民、忠于法律。要教育引导法律服务工作者坚持正确政治方向，依法依规诚信执业，认真履行社会责任。

习近平强调，要坚持抓住领导干部这个"关键少数"。各级领导干部要坚决贯彻落实党中央关于全面依法治国的重大决策部署，带头尊崇法治、敬畏法律，了解法律、掌握法律，不断提高运用法治思维和法治方式深化改革、推动发展、化解矛盾、维护稳定、应对风险的能力，做尊法学法守法用法的模范。要力戒形式主义、官僚主义，确保全面依法治国各项任务真正落到实处。

习近平指出，推进全面依法治国是国家治理的一场深刻变革，必须以科学理论为指导，加强理论思维，不断从理论和实践的结合上取得新成果，总结好、运用好党关于新时代加强法治建设的思想理论成果，更好指导全面依法治国各项工作。

李克强在主持会议时指出，习近平总书记的重要讲话全面总结了党的十八大以来法治建设取得的成就，深刻阐明了深入推进新时代全面依法治国的重大意义，系统阐述了新时代中国特色社会主义法治思想，科学回答了中国特色社会主义法治建设一系列重大理论和实践问题，对当前和今后一个时期全面依法治国工作作出了战略部署，具有很强的政治性、思想性、理论性，是指导新时代全面依法治国的纲领性文献。要认真学习领会和贯彻落实。要增强"四个意识"、坚定"四个自信"、做到"两个维护"，把会议精神转化为做好全面依法治国各项工作的强大动力，转化为推进法治建设的思路举措，转化为全面建设社会主义法治国家的生动实践，不断开创法治中国建设新局面。

王沪宁在总结讲话中表示，习近平总书记重要讲话高屋建瓴、视野宏阔、内涵丰富、思想深刻，体现了深远的战略思维、鲜明的政治导向、强烈的历史担当、真挚的为民情怀，是指导新时代全面依法治国的纲领性文献。要全面准确学习领会习近平法治思想，牢牢把握全面依法治国政治方向、重要地位、工作布局、重点任务、重大关系、重要保障，切实在全面依法治国各项工作中加以贯彻落实。

中央宣传部、生态环境部负责同志，北京、上海、浙江、广东4省市党委全面依法治省（市）委员会办公室主任作交流发言。

中共中央政治局委员、中央书记处书记，全国人大常委会有关领导同志，国务委员，最高人民法院院长，最高人民检察院检察长，全国政协有关领导同志等出席会议。

中央全面依法治国委员会委员，各省区市和计划单列市、新疆生产建设兵团党委全面依法治省（区、市、兵团）委员会主任，中央和国家机关有关部门、有关人民团体、中央军委机关有关部门主要负责同志等参加会议。

目 录
CONTENTS

CONTENTS

第四编
001 | **人格权**

第一章
002 | **一般规定**

第二章
034 | **生命权、身体权和健康权**

第三章
055 | **姓名权和名称权**

第四章
074 | **肖像权**

第五章
092 | **名誉权和荣誉权**

第六章
112 | **隐私权和个人信息保护**

第四编 人格权

本编坚持以人民为中心，顺应人民群众对人格权保护的迫切需求，在现行有关法律法规和司法解释的基础上，对人格权的一般规定以及各种具体人格权作了较为详细的规定，为人格权保护奠定和提供了充分的规范基础。

在立法过程中，对民法典是否单独设立人格权编，一直有不同的观点。从总体情况看，各方面都赞成通过立法加强人格权的保护，但对立法形式有不同意见。绝大多数意见认为，人格权独立成编，既能够体现立法对人格权制度的高度重视，彰显人格权制度的重要性，也可以适应人格权制度的发展，回应社会对加强人格权保护的呼声，有利于解决人格权保护领域出现的新情况和新问题；采用独立成编的立法形式，既符合民法调整人身关系和财产关系这种体系结构的内在逻辑，也是对我国自民法通则以来的民事立法经验的继承和发展。但也有的意见认为，从国外的立法看，在民法典中专编规定人格权的国家和地区并不多，不赞成人格权独立成编，建议在第一编总则和第七编侵权责任中完善人格权制度。经认真研究后认为，人格权是民事主体对其特定的人格利益享有的权利，关系到每个人的人格尊严，是民事主体最基本、最重要的权利。保护人格权、维护人格尊严，是我国法治建设的重要任务。近年来，加强人格权保护的呼声和期待较多。为了贯彻党的十九大和十九届二中全会关于"保护人民人身权、财产权、人格权"的精神，落实宪法关于"公民的人格尊严不受侵犯"的要求，坚持以人民为中心，回应社会关切，顺应人民群众对人格权保护的迫切需要，满足人民日益增长的对人格权保护的需求，为司法实践提供较为明确的裁判依据,实现民法典的体系化,综合考虑各方面意见,在现行有关法律法规和司法解释基础上,总结我国现有人格权保护的实践经验,在民法典中增加人格权编是较为妥当、可取的。通过专编规定人格权,也有助于将本法总则编所规定的人格权予以细化,使民法典的体系与其调整对象吻合,体例更完善,逻辑更严密。通过专编规定人格权,可以使现行法律中关于人格权的分散规定集中展现,对不够具体的加以具体化,对社会生活中亟须规范而没有规范的予以明确,还可以将法规、规章、司法解释已作规定,并经实践检验行之有效,但尚未上升到法律的规定纳入民法典,以契合民法典编纂的时代性和对现行民事法律规范进行系统整合的立法目标。通过专编规定人格权,对人格权的内容予以具体详细的规定,有助于民事主体了解自己所享有的各项人格权,具有人格权宣示的作用,意义重大。此外,民法通则在民事权利这一章中专节规定了人身权,这是我国民事立法的重大成就,凸显了对人格权的尊重和保护,影响深远,人格权独立成编是对这一成功经验的继承。本编对于人格权的规定,主要是从民事法律规范的角度规定自然人和其他民事主体人格权的内容、边界和保护方式,不涉及公民政治、社会等方面权利。

本编分为六章,共五十一条,规定了自然人所享有的人格权和法人、非法人组织享有的人格权,包括人格权的一般规定(第一章)以及各项人格权的具体规定(第二章至第六章)。

第一章 一般规定

本章共十三条,对人格权编的调整范围、人格权的范围、人格权的许可使用、死者的人格利益保护、人格权保护的动态考量因素、人格权的特殊保护方式等作出了规定。

> **第九百八十九条** 本编调整因人格权的享有和保护产生的民事关系。

❖ **条文主旨** ❖

本条是关于人格权编调整范围的规定。

❖ **条文解读** ❖

人格权的概念在民法中的确立经历了较长的历史。在罗马法中并不存在现代的人格权概念,但其在"侵辱之诉"中包括了对身体、名誉和尊严的保护。近代民法典多以财产法为中心构建,对人格权的保护不足。但是,随着社会发展和技术创新,人格权保护领域出现了很多新情况、新问题,突出表现在以下几个方面:一是人格权的类型越来越多样。在传统的生命权、身体权、健康权、姓名权、名称权、肖像权、名誉权、荣誉权等具体人格权之外,出现了隐私权、个人信息等需要保护的新型人格权益。二是人格权保护涉及的法律关系越来越复杂,对人格权的保护往往需要平衡不同利益主体的利益诉求。例如,对个人信息的保护需要明确个人信息的保护范围、处理者的具体义务、个人信息保护和数据资产化之间的关系等问题。三是侵害人格权的方式越来越多样,后果越来越严重。所有这些促使了人格权概念的形成和发展。

在我国,民法通则在民事权利这一章中专节规定了人身权,规定了生命健康权、姓名权、名称权、肖像权、名誉权、荣誉权、婚姻自主权等人格权。本法总则编延续了这一立法方式。第109条、第110条、第111条对于民事主体的人格权予以一般性规定。据此,本条明确规定,本编调整因人格权的享有和保护产生的民事关系。

首先，本编的调整范围与人格权有关。所谓人格权，一般认为，是指民事主体对其特定的人格利益所享有的排除他人侵害，以维护和实现人身自由、人格尊严为目的的权利。

应当注意的是，本编调整范围所涉及的是人格权而非人格。人格，是指民事主体享有民事权利、承担民事义务的法律资格。我国自民法通则以来，就严格区分了人格与人格权的概念，与人格相对应的概念是民事权利能力，而人格权是民事权利的一种。权利主体是具有民事权利能力的民事主体，不具有民事权利能力，就不享有人格权；但人格权所涉及的是人格利益而非作为民事权利能力的人格。

其次，本编所涉及的是人格权的享有和保护。人格权是与生俱来的，而法律对民事主体享有人格权予以确认，并对其予以保护，有助于通过法律手段加强对人格权的保障。本编所涉及的内容是人格权的享有和保护，并非意味着人格权的享有和保护仅能通过本编实现。本法总则编第 109 条至第 111 条和侵权责任编，也涉及人格权的保护。但是，人格权编与侵权责任编的功能和定位不同。人格权编主要规定了人格权的类型、权利内容、权利边界、与其他价值之间的协调、行为人的义务和特殊保护方式等规则，侵权责任编主要着眼于对人格权的事后救济。同时，考虑到侵权责任编对侵害民事权利的一般救济规则已作了较为详细的规定，人格权编只规定了保护人格权的特殊救济方式。因此，在体系上，人格权编与侵权责任编既各有分工，又能够相互衔接，共同实现对人格权的保护。

最后，本编调整的是因人格权的享有和保护产生的民事关系。这意味着：第一，民事关系是法律调整的对象，民事法律关系是法律调整之后的结果；第二，调整的是民事关系，而非其他关系。人格权的享有和保护涉及多个法律部门的共同调整，有宪法、民法、行政法、刑法等，本编仅涉及其中的民事关系。

应当注意的是，在人格权问题上的宪法和民法之间的关系。我国宪法确立了保障公民人身权利的原则。宪法第33条第3款、第37条、第38条、第39条和第40条对于人格权保护作了较为原则性的规定。宪法的这些规定，首先，强调了国家对公民的这些基本权利的保障义务，国家要通过各种方式实现对这些基本权利的保障，通过立法予以保障是实现国家保障义务的重要方式之一，宪法的这些规定应当通过法律的具体规定予以落实。其次，宪法的规定不仅调整国家和公民之间的关系，其对于公民和公民之间的民事关系也产生重要的影响。因此，人格权编的具体规定，体现了宪法这些规范的上述两种功能。据此，宪法是国家的根本大法，是其他法律制定的依据，宪法中的这些规范构成了人格权编具体规定的规范基础，为人格权制度提供了合法性来源以及发展和完善的动力。人格权编的具体规定是对宪法的落实和具体化，体现了宪法的精神，落实了宪法的要求。这也是本法第1条中所强调的"根据宪法"的含义。为了确保宪法规定能够落到实处，民事法律需要将宪法规定的人格尊严予以细化，使之具有可诉性和可操作性，为人民法院保护当事人的人格尊严提供裁判依据。同时，本法对人格权的具体规定，涉及人格权的类型、权利内容、权利边界、与其他价值之间的协调、行为人的义务和特殊保护方式等规则，有助于将宪法的要求具体化，充实宪法的各项具体规范要求，协调宪法多种价值和规范之间的关系，有助于全面推进依法治国。

因此，本法对于人格权的规定，将宪法规定的人身自由、人格尊严在民事领域予以具体化，围绕民事主体所享有的生命权、身体权、健康权、姓名权、名称权、肖像权、名誉权、荣誉权、隐私权和个人信息等人格权益，以及所产生的民事法律关系作出规定，可以更好体现宪法精神，这对于确保公民的人格尊严不受侵犯，体现我国在人格权保护领域所取得的进步具有十分重要的意义。但是，本编对人格权的规定并不包含宪法所规定的公民的所有基本权利，而主要是公民所享有的关于人格的民事权利，是从民事法律规范的角度规定自然人和其他民事主体人格权的内容、边界和保护方式，不涉及公民政治、社会等方面的基本权利。

> 第九百九十条 人格权是民事主体享有的生命权、身体权、健康权、姓名权、名称权、肖像权、名誉权、荣誉权、隐私权等权利。
> 除前款规定的人格权外，自然人享有基于人身自由、人格尊严产生的其他人格权益。

◆ 条文主旨 ◆

本条是关于人格权类型的规定。

◆ 条文解读 ◆

一、人格权具体类型的列举

本条第1款列举了民事主体所享有的人格权的具体类型。本法第110条规定，自然人享有生命权、身体权、健康权、姓名权、肖像权、名誉权、荣誉权、隐私权、婚姻自主权等权利。法人、非法人组织享有名称权、名誉权和荣誉权。据此，本款予以总结，规定了民事主体所享有的人格权的具体法定类型包括：

1. 生命权：指自然人享有的以生命安全和生命尊严为内容的权利。

2. 身体权：指自然人享有的以身体完整和行动自由为内

容的权利。

3. 健康权：指自然人享有的以身心健康为内容的权利。

4. 姓名权：指自然人享有的依法决定、使用、变更或者许可他人使用自己姓名的权利。

5. 名称权：指法人和非法人组织享有的依法使用、变更、转让或者许可他人使用自己名称的权利。

6. 肖像权：指自然人享有的依法制作、使用、公开或者许可他人使用自己肖像的权利。

7. 名誉权：指自然人、法人和非法人组织就其品德、声望、才能、信用等所获得的社会评价，所享有的保有和维护的权利。

8. 荣誉权：指自然人、法人和非法人组织对其获得的荣誉及其利益所享有的保持、自主决定的权利。

9. 隐私权：指自然人享有的私人生活安宁与不愿为他人知晓的私密空间、私密活动、私密信息等依法受到保护，不受他人刺探、侵扰、泄露和公开的权利。

关于信用权，从实践情况来看，通过对名誉权的保护进而对信用进行保护，可以满足现实需要。基于此，本条没有明确规定信用权，而是将其置于名誉权中予以保护。

关于环境权，目前理论界和实务界对环境权是否属于人格权甚至民事权利存在很大争议。本条最终没有明确规定环境权。

二、人格权益的一般条款

本条第1款仅是对民事主体所享有的人格权利的具体类型进行了列举，而并未对人格权作出概括式的定义。理论界对人格权的概括式定义存在多种观点。就人格权的客体而言，存在不同的观点。经研究，不同的观点都指出了人格权的一个侧面，但都难免挂一漏万；同时，对人格权下定义是法学但并非立法的任务。因此，本条第1款未对人格权采取概括定义的方式，而仅仅是对人格权的具体类型进行了不全面的列举。

对于人格权类型的具体列举，通过法律明确人格权的类型、保护对象、内容等，有助于法律适用的统一和便利。但是，随着社会的发展，自然人的人格权保护需求必然会更为多元化，立法中难以穷尽，不断会有新的人格权益纳入法律的保护范围，具体的列举必然会导致人格权保护的漏洞，即使不断根据实践需求，将值得法律保护的新的人格权益，通过扩张，纳入已经明确列举的人格权的类型和内容中，仍然可能会不敷其用。据此，本条第2款规定，除前款规定的人格权外，自然人享有基于人身自由、人格尊严①产生的其他人格权益。这能够回应社会发展所产生的新型人格权益的保护需求，避免具体列举人格权所产生的封闭性，有助于人格权益保护体系更为健全，保护范围也更为周延，适应社会的不断发展，发挥对人格权益进行兜底性保护的功能，保持人格权制度发展的开放性。

本条第2款适用的前提：首先，被侵犯的人格权益没有法律的明确规定，并且无法纳入具体列举的人格权的保护范围。该款规定是为了弥补法律规定和人格权的具体列举所出现的不足。因此，当法律对此有明确规定时，应当首先适用法律的明确规定；虽然法律没有明确规定，但可以适用具体列举的人格权予以保护时，则应当适用具体的规定。例如，本法第1023条第2款规定，对自然人声音的保护，参照适用肖像权保护的有关规定。

其次，被侵犯的人格权益是基于人身自由、人格尊严产生的，因此是需要法律保护的。人身自由，包括身体行动的自由和自主决定的自由，是自然人自主参加社会各项活动、参与各

---

① 人格尊严：指公民作为平等的人的资格和权利应该受到国家的承认和尊重，包括与公民人身存在密切联系的名誉、姓名、肖像等不容侵犯的权利。

种社会关系、行使其他人身权和财产权的基本保障，是自然人行使其他一切权利的前提和基础。人格尊严不受侵犯，是自然人作为人的基本条件之一，也是社会文明进步的一个基本标志。由于人身自由和人格尊严的含义非常广泛，所以也能够包含通常所说的人格独立和人格平等。所有的人格权都以人身自由和人格尊严为价值基础，是这两种价值的具体表现，是以维护和实现人身自由和人格尊严为目的。人身自由和人格尊严是人格权获得法律保护的价值依据，也是认定新型人格权益的根本标准。因此，对人格权益而言，人身自由和人格尊严具有权利创设、价值指引和兜底保护等多重功能。

当然，人身自由和人格尊严必须与其他价值相协调，因此，本款是框架性的、有待价值填充的、不确定的一般条款。被侵犯的人格权益在个案中是否值得保护，必须通过在个案中考虑所有情况，并通过利益权衡予以确定。在此，本法第998条可以提供一般性的指引。

最后，只有自然人的人格权益才能通过本款予以保护，法人和非法人组织不能适用本款。

❖ **案例分析** ❖

2014年第9期《中华人民共和国最高人民法院公报》刊登的"汪毓兰诉武汉汉福超市有限公司光谷分公司名誉权纠纷案"【湖北省武汉东湖新技术开发区人民法院（2012）鄂武东开民一初字第00028号民事判决书】认为，消费者购物时，被商家作为"窃嫌人员"而遭受人格侮辱并导致严重精神损害的，商家应承担精神损害赔偿责任。相关裁判摘要如下：受诉法院经审理认为，公民的人格尊严受法律保护。汉福公司最终认可4袋麦片为赠品，却在汪毓兰并不知情的情况下，在其签名的表格中认定其为秘密实施的偷窃行为，将其列入"窃嫌姓名"名单，注明"教育释放"，并将表格置于进入办公地点任何人可以随手翻看的地方。汉福公司的上述行为侵犯了汪毓兰的人格尊严，客观上造成一定范围内对汪毓兰社会评价的降低，损害了汪毓兰的名誉。对汪毓兰要求汉福公司书面赔礼道歉并在营业场所张贴道歉函的诉讼请求，该院予以支持。该院遂依法判决汉福公司向汪毓兰书面赔礼道歉，在其经营的家乐福光谷店内张贴向汪毓兰的道歉信，并向汪毓兰赔付精神抚慰金 5000 元。

> **第九百九十一条** 民事主体的人格权受法律保护，任何组织或者个人不得侵害。

❖ 条文主旨 ❖

本条是关于人格权受法律保护的规定。

❖ 条文解读 ❖

民事权利及其他合法权益受法律保护是民法的基本精神，是民事立法的出发点和落脚点。本法第 3 条对此予以明确规定。人格权作为民事权利及其他合法权益的一种，自然也是如此，因此，民事主体的人格权受法律保护。

不得侵犯就是任何组织或者个人不得非法侵害、限制、剥夺他人的人格权，也不得干涉他人合法行使人格权，否则就要依据本法承担民事责任。民事主体按照自己的意愿依法保护和行使人格权，不受干涉。当然，这并非意味着民事主体的人格权可以毫无限制，是绝对的。对人格权的限制，或者是基于法律的明确规定，或者是基于其他价值而在合理范围内予以限制，不得随意为之。例如，本法第 130 条至第 132 条对民事权利的行使作了一般性规定。

> **第九百九十二条** 人格权不得放弃、转让或者继承。

❖ **条文主旨** ❖

本条是关于人格权不得放弃、转让或者继承的规定。

❖ **条文解读** ❖

人格权，尤其是自然人所享有的人格权，是与生俱来的，因出生而当然发生，仅因死亡而当然消灭，因此，是一种固有权利。人格权具有人身专属性，是人格权与财产权的重要区别；财产权通常具有非人身专属性，可以与权利主体发生分离。

首先，人格权不得放弃。作为专属于权利人享有的权利，人格权始终由权利主体享有，禁止权利主体随意加以放弃。如果人格权被一般性地、概括地放弃，人格必然受损。对某项人格权的放弃，例如，放弃生命权，意味着他人可以任意剥夺其生命，这也是违背公序良俗①的。

其次，人格权不得转让。人格权作为整体必须由权利人享有，而不能转让给他人。人格权不得转让，需要与许可他人使用姓名、名称、肖像等相区分。许可他人使用自己的姓名、名称、肖像等，人格权仍然属于权利主体，被许可使用的也仅仅是自己的姓名、名称和肖像等特定的人格要素或者人格标识，而非人格权的整体转让。

最后，人格权不得继承。能够被继承的只能是个人的合法财产，而不能是人格权。本法第994条规定的死者人格利益保

---

① 公序良俗：指民事主体的行为应当遵守公共秩序，符合善良风俗，不得违反国家的公共秩序和社会的一般道德。

护，仅仅是死者的近亲属有权保护死者的姓名、肖像、名誉、荣誉、隐私、遗体等不被他人侵害，而并非人格权的继承。

> 第九百九十三条　民事主体可以将自己的姓名、名称、肖像等许可他人使用，但是依照法律规定或者根据其性质不得许可的除外。

◆ 条文主旨 ◆

本条是关于姓名、名称、肖像等的许可使用的规定。

◆ 条文解读 ◆

人格权本质上是非财产权，但是，随着经济社会的发展、科技进步以及大众传媒、广告行业的兴起，一些人格权已经不只是消极防御性的权利，对民事主体的姓名、名称和肖像等的许可使用已经成为现实和可能，实践中也有大量需求。例如，肖像权人允许公司使用其肖像做广告，姓名权人允许公司以自己的姓名作为公司名称。此种许可使用的现象日益增多，产生的纠纷也越来越多。对于此种社会现实，存在不同的观点。经认真研究，本条对姓名、名称、肖像等的许可使用作出了明确规定，其目的在于回应社会发展需要、提升对人格尊严的保护水平和遏制对许可使用的不良现象，并且这一规定也符合比较法的共识和我国的司法实践经验。

在本条的适用中，首先要注意的是，许可他人使用，是许可他人在商品、商标或者服务等方面使用，因此，不包括他人正当使用别人的姓名等情形，姓名本身就是让他人使用的，否则无法发挥区别于他人的目的。同时，许可他人使用不仅仅限于以营利为目的的使用，也包括非以营利为目的的使用。是否以营利为目的，更多的是在赔偿损失的数额中予以考量；不限于重复性使用，也包括一次性使用等使用方式。

其次要注意的是，许可使用行为也是民事法律行为的一种，应当适用本法有关民事法律行为的一般性规定。

最后要注意的是，依照法律规定或者根据其性质不得许可使用的限制。本条基于人格尊严保护的要求，规定了对许可使用的限制，这为许可使用设置了界限，更有利于保护人格尊严，避免因许可使用而损害人格尊严。这些限制主要如下：（1）依照法律规定不得许可使用。例如，代孕所涉及的人体器官的许可使用就是不被允许的。（2）根据其性质不得许可使用。这主要指的是人格尊严以及公序良俗的限制。许可使用的目的是更好地保护人格尊严，但是如果许可使用损及了人的存在，就背离了上述目的，不应当被允许，这主要指的是生命权、身体权和健康权等物质性的人格权，同时也包括名誉权等纯粹精神性的人格权不得被许可使用。

❖ **案例分析** ❖

"管顺球与上海文化广播影视集团有限公司、真实传媒有限公司等名誉权纠纷案"【上海市第二中级人民法院（2016）沪02民终3972号民事判决书】对肖像许可使用协议的效力进行了认定。相关裁判摘要如下：关于管顺球就肖像权提出的诉讼请求，本院认为，文广集团公司、真实传媒公司、苏州传视公司提供了《肖像许可使用协议》，管顺球对其曾签订该《肖像许可使用协议》不持异议，但认为其签订后即反悔，因而要求收回该协议，并认定该协议无效，然管顺球作为具有完全民事行为能力的成年人，其应当知道签订《肖像许可使用协议》将产生相应的民事权利和义务，且本案中亦无证据证明存有合同无效的法定情形，管顺球之前亦未主张撤销《肖像许可使用协议》，故本院认为《肖像许可使用协议》系管顺球的真实意思表示、合法有效，管顺球认为系争纪录片擅自使用其肖像的诉称不能成立。

> **第九百九十四条** 死者的姓名、肖像、名誉、荣誉、隐私、遗体等受到侵害的，其配偶、子女、父母有权依法请求行为人承担民事责任；死者没有配偶、子女且父母已经死亡的，其他近亲属有权依法请求行为人承担民事责任。

❖ **条文主旨** ❖

本条是关于死者人格利益保护的规定。

❖ **条文解读** ❖

根据本法第13条的规定，自然人在死亡后就不再具有民事权利能力，自然也就不再享有人格权。但是，在现实生活中，侵犯死者人格利益的现象屡见不鲜，例如，故意冒用已故画家的姓名作画销售。司法实践中这类纠纷也层出不穷，对此人民法院有大量的案例，并公布了一系列司法解释，取得了良好的社会效果。虽然对死者人格利益保护的观点不同，但对死者人格利益应当予以保护是存在共识的。据此，经认真研究，为回应社会现实，本条借鉴既有的司法经验，参酌比较法，对死者的人格利益保护进行了明确规定。

本条适用的前提：第一，被侵害者已经死亡。如果被侵害者并未死亡，而只是丧失了民事行为能力，就不应适用本条。因为他们仍然具有民事权利能力，有权依法请求侵权人承担民事责任，如果不具有民事行为能力，可以由监护人代为请求。第二，死者的姓名、肖像、名誉、荣誉、隐私、遗体等受到侵害。这包括但不限于以下情形：（1）未经许可而擅自使用死者的姓名、肖像等；（2）以侮辱、诽谤、贬损、丑化等方式，侵害死者的名誉、荣誉；（3）以非法披露、利用等方式侵害死者的隐私和个人信息；（4）以非法利用、损害等方式侵害死者的遗体等。

本条适用的法律后果：第一，有权提出请求的主体是近亲属。对于何为近亲属，第1045条第2款作了明文规定。如果对请求主体不加以限制，过于泛化，不利于社会关系的稳定。一般而言，近亲属与死者具有在共同生活中形成的感情、亲情或者特定的身份关系，最关心死者人格利益保护的问题，死者人格利益被侵害时受到的伤害最大，感到的痛苦最深，最需要慰藉和赔偿。因此，本条将请求主体限于近亲属。

第二，近亲属提出请求具有顺位限制。配偶、子女、父母是第一顺位，如果死者的配偶、子女或者父母存在的，则由配偶、子女和父母提出请求。在死者没有配偶、子女且父母已经死亡的情形中，其他近亲属有权提出请求。该请求顺位的规定与本法第1127条第1款所规定的法定继承顺位大致类似，区别仅在于本条所规定的第二请求顺位中还包括孙子女和外孙子女。

第三，近亲属依法请求行为人承担民事责任。首先，"依法"意味着近亲属请求行为人承担民事责任要符合法律规定的责任构成要件和责任后果。例如，请求行为人赔偿财产损失的，一般要符合本法第1165条第1款的规定。其次，"民事责任"包括所有的民事责任，例如，停止侵害排除妨碍、消除影响、赔偿损失等。

应当注意的是，一些人格权益中可能包含有财产利益，例如姓名、名称、肖像等，未经许可而被他人使用。此时，就涉及这些财产利益可否由其继承人继承，受托人许可他人使用的问题，对此存在争议。但明确的是，在不存在受托人、遗嘱继承和遗赠等的情形中，本条规定仍然可以适用，以保护这些财产利益，避免近亲属遭受财产损失，而保护的期限也可以认为是所有近亲属的生存年限，除非法律另有规定。即使保护期限已过，使用死者的姓名、名称、肖像等，也不得违法和违背公序良俗。

❖ **案例分析** ❖

"周海婴诉梁华计算机网络域名侵权案"【北京市高级人民法院（2011）高民终字第76号民事判决书】认为，利用死者姓名注册域名并用于商业活动，以违反社会公共利益方式侵害死者姓名权的，死者近亲属可提侵权之诉。相关裁判摘要如下：鲁迅先生是中国著名文学家、思想家和革命家，在中国历史上具有重要地位。周海婴作为鲁迅近亲属有权维护基于鲁迅姓名所形成的人格利益。梁华将含有"鲁迅"的争议域名用于商业用途，以及将相关域名出售或出租列表的行为，属于以违反社会公共利益、社会公德的其他方式侵害死者姓名的行为，构成侵权。《最高人民法院关于审理涉及计算机网络域名民事纠纷案件适用法律若干问题的解释》第8条规定，人民法院认定域名注册、使用等行为构成侵权的，可以判令被告停止侵权、注销域名，或者依原告的请求判令由原告注册使用该域名；给权利人造成实际损害的，可以判令被告赔偿损失，故梁华应就其前述涉案行为承担相应的停止侵权、赔偿损失的民事法律责任。判决梁华立即停止使用诉争域名，并赔偿周海婴诉讼合理支出6000元。

> 第九百九十五条　人格权受到侵害的，受害人有权依照本法和其他法律的规定请求行为人承担民事责任。受害人的停止侵害、排除妨碍、消除危险、消除影响、恢复名誉、赔礼道歉请求权，不适用诉讼时效的规定。

第一章 一般规定

❖ **条文主旨** ❖

本条是关于人格权保护和损害赔偿请求权之外的其他请求权不适用诉讼时效的规定。

❖ **条文解读** ❖

本条第一句规定，人格权受到侵害的，受害人有权依照本法和其他法律的规定请求行为人承担民事责任。但是，具体的责任构成要件和责任后果由本法和其他法律规定。本法所规定的违约责任、侵权责任等都涉及对人格权的保护，当人格权受到侵害时，受害人有权依照本法的这些规定请求行为人承担相应的民事责任。其他法律也对于侵犯人格权的具体责任构成要件和责任后果作出了明确规定。例如，道路交通安全法、铁路法、民用航空法对交通事故责任作了规定。

应当注意的是，人格权编主要规定了人格权的类型、权利内容、权利边界、与其他价值之间的协调、行为人的义务和特殊保护方式等规则，这些规则有助于确定合同义务的范围，进而确定违约责任的前提，有助于明确侵权责任中所侵犯权利的具体类型、具体内容以及行为人违反的具体义务。因此，本编中有一些规定应当和本法的其他规定、其他法律中的规定结合适用。这种结合适用是司法适用的常态，不仅在人格权受侵害时如此，在物权等其他权益受侵害时也是如此。例如，在侵害物权的情形中，也可能要将物权编的规定和侵权责任编的规定结合予以适用。

按照本法第 179 条第 1 款的规定，侵害人格权的民事责任具体承担方式，包括了多种，其中最主要的是恢复原状、赔偿损失和支付违约金等损害赔偿责任。为了进一步加强对人格权的保护，侵害人格权的民事责任承担方式还包括了停止侵害、排除妨碍、消除危险等防御性的责任方式。这些防御性的请求权与侵权损害赔偿请求权不同，目的上存在差别，在构成要件上不要求过错和损害。

根据本条第二句的规定，受害人因人格权受侵害而提出的停止侵害、排除妨碍、消除危险、消除影响、恢复名誉、赔礼道歉请求权，不适用诉讼时效的规定。

本法总则编第九章规定了诉讼时效[①]，在侵害人格权的情形中，损害赔偿请求权应当适用诉讼时效。但是，本法第196条第1项规定了请求停止侵害、排除妨碍、消除危险不适用诉讼时效的情况。侵害人格权、物权等权益所产生的这三类请求权，其构成都要求存在对权益的妨害和危险，行为或状态处于现实持续之中，对这种现实存在的妨害和危险无须考虑之前的事实状况。这三类请求权对于维持人格完整性至关重要，故本款据此进一步明确规定，因人格权受侵害而提出的停止侵害、排除妨碍、消除危险请求权，不适用诉讼时效的规定。关于消除影响、恢复名誉、赔礼道歉请求权，有很多意见认为不适用诉讼时效的规定，但也有意见认为应当适用诉讼时效的规定。经认真研究，本法吸收了多数人的意见，规定消除影响、恢复名誉、赔礼道歉请求权，也不适用诉讼时效的规定。对很长时间之前发生的侵害人格权行为，如受害人认为对自身仍然有影响，有消除影响和恢复名誉的必要，可以不受诉讼时效期间的限制提出消除影响、恢复名誉、赔礼道歉请求权，以加强对人格权的保护。

❖ 案例分析 ❖

"金华丽声网信网络科技有限公司、广州千清丝化妆品有

[①] 诉讼时效：指民事权利受到侵害的权利人在法定的时效期间内不行使权利，当时效期间届满时，人民法院对权利人的权利不再进行保护的制度。

限公司网络侵权责任纠纷案"【广东省广州市中级人民法院（2020）粤01民终2868号民事判决书】对赔礼道歉的责任承担方式予以肯定。相关裁判摘要如下：《最高人民法院关于审理名誉权案件若干问题的解答》第10条第1、2、3款规定："人民法院依照《中华人民共和国民法通则》第一百二十条和第一百三十四条的规定，可以责令侵权人停止侵害、恢复名誉、消除影响、赔礼道歉、赔偿损失。恢复名誉、消除影响、赔礼道歉可以书面或口头的方式进行，内容须事先经人民法院审查。恢复名誉、消除影响的范围，一般应与侵权所造成不良影响的范围相当。"《最高人民法院关于审理利用信息网络侵害人身权益民事纠纷案件适用法律若干问题的规定》第16条规定："人民法院判决侵权人承担赔礼道歉、消除影响或者恢复名誉等责任形式的，应当与侵权的具体方式和所造成的影响范围相当。侵权人拒不履行的，人民法院可以采取在网络上发布公告或者公布裁判文书等合理的方式执行，由此产生的费用由侵权人承担。"千清丝公司要求金华丽声公司删除标题为《阿道夫险被"山寨"，伪品牌已被工商局做出无效宣告和不予注册》的文章，因侵权内容已被删除，该项请求原审法院不再予以支持。千清丝公司要求金华丽声公司在网站"C2CC传媒"公开向千清丝公司赔礼道歉，为千清丝公司消除影响、恢复名誉，依法有据，原审法院予以支持。结合本案实际，道歉文章保留时间不得少于30天，内容须经原审法院审查。

> **第九百九十六条** 因当事人一方的违约行为，损害对方人格权并造成严重精神损害，受损害方选择请求其承担违约责任的，不影响受损害方请求精神损害赔偿。

❖ **条文主旨** ❖

本条是关于损害人格权责任竞合情形下精神损害赔偿的规定。

❖ **条文解读** ❖

精神损害赔偿是受害人因人格利益或身份利益受到损害或者遭受精神痛苦而获得的金钱赔偿。侵害人格权的情形中,经常会产生违约责任和侵权责任的竞合。

合同义务中也包括了对当事人的人格权这种固有利益予以保护的义务,不履行此种合同义务,就应当承担对此的违约责任,但也可能会同时要承担侵权责任。本法第186条规定了违约和侵权竞合的处理原则。但如果受损害方选择请求违约方承担违约责任,其无法请求精神损害赔偿;相反,如果受损害方选择请求违约方承担侵权责任,虽然可以请求精神损害赔偿,但受损害方必须放弃主张违约责任的种种利益,例如,违约金、定金条款的主张以及举证责任的便利等,不利于保护人格权受害人的利益。但是,损害赔偿的基本宗旨在于填补当事人遭受的损害,其中也包括精神损害,毕竟是同一行为导致了精神损害,受损害方不同的选择不应导致结果上的不同,并且这会导致受损害方必须要在对其都有所不利的请求权中选择,难以获得周全的救济,不利于受损害方的人格权保护。基于此,比较法上多承认受损害方在违约之诉中主张精神损害赔偿。

经认真研究,反复斟酌,在违约责任与侵权责任存在竞合的情形中,允许受损害方请求行为人承担违约责任时,可以在违约责任请求中请求精神损害赔偿,有利于为受害人提供不同救济渠道的选择,拓展在此类情形下精神损害的救济方法,符合加强人格权保护的比较法发展趋势,是一个重要的进步。

本条适用的前提:首先是损害人格权的违约责任和侵权责

任的竞合。这要求当事人一方的违约行为同时构成了损害对方人格权的侵权行为。

其次是因当事人一方的违约行为损害对方自然人的人格权并造成严重精神损害。本条的适用要符合本法第1183条第1款的规定。

最后是受损害方选择请求违约方承担违约责任。依据本法第186条的规定,在责任竞合的情形中,受损害方有权选择请求其承担违约责任或者侵权责任。只有在受损害方选择请求违约方承担违约责任时,才有本条的适用。如果受损害方选择请求违约方承担侵权责任,则可以直接依据本法第1183条第1款的规定,请求精神损害赔偿,无须适用本条。

适用本条的法律后果是不影响受损害方请求精神损害赔偿。这意味着受损害方请求行为人承担违约责任时,可以请求违约方承担精神损害赔偿责任。

> 第九百九十七条 民事主体有证据证明行为人正在实施或者即将实施侵害其人格权的违法行为,不及时制止将使其合法权益受到难以弥补的损害的,有权依法向人民法院申请采取责令行为人停止有关行为的措施。

❖ **条文主旨** ❖

本条是关于申请人民法院责令行为人停止有关行为的规定。

❖ **条文解读** ❖

侵害人格权的一些行为,如果无法被及时制止,无法为权利人提供及时的救济,尤其是当前的网络时代,其损害后果不可逆转,甚至会造成难以弥补的损害。例如,一旦将自然人的裸照放到网上,单纯的损害赔偿就不足够了。比较法中,瑞士法对此作出了较为完善的规定。

在侵害知识产权的情形中，我国专利法第66条、商标法第65条、著作权法第50条已经规定了知识产权人符合法定条件的，可以在起诉前向人民法院申请采取责令停止有关行为的措施。民事诉讼法第100条也规定了伴随诉讼程序的行为保全，第101条规定了诉前的行为保全。反家庭暴力法在第四章中更是进一步规定了不必然伴随诉讼程序、独立于民事诉讼法所规定的行为保全之外的"人身安全保护令"。

本条适用的前提：首先是行为人正在实施或者即将实施侵害其人格权的违法行为。例如，法院可依法禁止侵害他人名誉权的文章刊载。其次是不及时制止将使权利人的合法权益受到难以弥补的损害的。这主要是指不及时制止行为人正在实施或者即将实施侵害其人格权的行为，则权利人的合法权益受到的损害具有不可逆性，难以通过其他方式予以弥补，事后的恢复已经不可能或者极为困难。最后是民事主体有证据证明。民事主体必须提出相关的证据，证明已经具备了申请责令停止有关行为的前提条件，即行为人正在实施或者即将实施侵害其人格权的行为，不及时制止将使其合法权益受到难以弥补的损害。

本条适用的法律效果是权利人有权依法向人民法院申请采取责令行为人停止有关行为的措施。首先，权利人必须是向人民法院提出申请，申请的内容也必须具体明确，包括明确的对方当事人、申请采取的具体措施等。其次，申请的程序要依照法律的规定。本条规定的是通过除请求人民法院判决之外的其他程序，申请人民法院采取责令行为人停止有关行为的措施，且仅规定了此种申请的实体法基础。如何通过程序而具体实现，其他法律对此有规定的，应当适用其他法律的规定。例如，民事诉讼法第100条、第101条的规定。

应当注意的是，人民法院采取的措施应当符合比例原则，即根据所要追求的合法目的，采取合理的措施。

> **第九百九十八条** 认定行为人承担侵害除生命权、身体权和健康权外的人格权的民事责任，应当考虑行为人和受害人的职业、影响范围、过错程度，以及行为的目的、方式、后果等因素。

❖ **条文主旨** ❖

本条是关于认定行为人承担责任时的考量因素的规定。

❖ **条文解读** ❖

保护人格权是尊重和保护人格尊严的必然要求。但是，如果对人格权的保护过于绝对和宽泛，则难免会与新闻报道权等其他权利产生冲突。人格权保护的价值并非在所有情形中，总是高于其他价值，而必须在个案和具体情形中对所有这些价值进行综合权衡。但是，即使承认个案中权衡的必要性，仍然会出现如何对个案权衡进行合理限制，以实现同等情况同等对待的裁判统一性的要求。

在人格权保护中，比较法多采取动态系统理论，即通过立法划出寻求合理解决方案时的相关考量因素，在个案适用时则需要对各个考量因素进行综合考量，具体结果取决于各个考量因素相比较后的综合权衡，此时，摆脱了僵硬的全有或者全无的方式，从而实现了弹性而非固定、开放而非封闭的结果。由此，既承认了个案的衡量，又能够顾及不同案件的不同情况，并适应社会发展。但是个案衡量时要在立法者所划定的考量因素范围内进行论证和说明。

经研究，为更好平衡人格权保护和其他权利保护之间的关系，本条规定了认定行为人承担侵害人格权责任时的考量因素。具体如下：

首先，人格权的类型。生命权、身体权和健康权是自然人赖以生存的最基本的人格权，具有特殊性和最重要性，对这些权利应当进行最高程度的保护，据此，本条排除了在认定侵害生命权、身体权和健康权是否需要承担民事责任时的权衡，体现了对此类人格权的特殊保护。但是，对生命权、身体权和健康权之外的人格权的保护，有必要进行妥当的权衡。

其次，主体方面的因素。本条所规定的"行为人和受害人的职业、影响范围"就是关于主体方面因素的一些列举。在行为人方面，如果行为人从事新闻报道和舆论监督的职业，则必须协调新闻报道、舆论监督与人格权保护之间的关系，认定行为人构成侵害人格权，需要更为谨慎的权衡。如果行为人是具有较大社会影响力的人物，其行为时应当比普通人行为时更为谨慎一些。

受害人方面的因素，则更为复杂，需要考虑以下情形：（1）受害人是自然人还是法人或者非法人组织。（2）法人或者非法人组织的不同类型。对营利性、非营利性和特别法人类型以及每种类型内更具体的类型，要予以更为细致的考量。（3）是否是公众人物以及何种类型的公众人物。（4）特殊主体。例如，未成年人、残疾人这些特殊主体。

再次，主观的过错程度。主观过错程度越高，例如，故意或者重大过失，则越可能构成侵害人格权而承担民事责任。但在主观过错程度较低的情况下，例如，未经朋友同意将其电话号码发给特定人，导致朋友被诈骗，此时行为人的主观过错程度较低，认定时要更为谨慎。

最后，行为方面的因素。本条所规定的"行为的目的、方式、后果"是对行为方面因素的列举，这包括诸多可以被考量的因素。（1）目的。如果行为的目的是新闻报道或者舆论监督，涉及公共性的议题，则应受到更多的保护。如果是以娱乐消遣为目的，追求轰动效应，吸引公众眼球，满足部分人的窥探欲望，无涉公共议题，则受到保护的程度要低一些，要更为注重对人格权的保护。如果是商业目的性行为，较之非商业目的性行为，该行为受到保护的程度也可以适度降低。（2）方式。如果采取了较为恶劣的方式，例如，暴力侮辱、恶意跟踪等，构成侵权的可能性就更大。是自己创作还是转载，是主动提供新闻材料还是被动采访而提供新闻材料，是创作新闻作品、批评作品还是文学作品，在认定中都要采取不同的标准。行为人发表的言论是属于对特定事实的陈述，还是对个人意见的表达，认定时也要采取不同的标准。（3）后果。造成人格权受侵害的程度越高，人格权受保护的强度就越大。

在认定行为人承担侵害人格权的民事责任时，无论是关于责任构成，还是责任后果，都需要对上述因素进行综合考量，各个具体因素之间也会相互补充。例如，是否需要采取责令停止有关行为的措施，也要进行利益的权衡。这种考量不具有整体的确定性，不能脱离个案中的情形，要让相互冲突的价值都能发挥最佳的功效，通过充分对比冲突价值在具体情境中的各自权重，而使所有的价值都能获得最妥善的衡平。在此，需要考虑比例原则，考虑目的是否妥当、手段是否有助于实现目的、手段是否是最小限制、手段的效益是否大于成本，避免在运用时过分机械和僵化。本条的规定仍然是较为抽象的，需要在实践和个案中积累和提炼更为具体的标准和规则，但是，本条规定有助于实践的发展，为下一步的案例类型化和更具体的规则提供了制度基础。

为了更具有可操作性，本法也作出了一些更为具体的规定。例如，本法第1000条第1款、第1020条和第1026条的规定。此时，有具体规定的，应当首先适用具体的规定，避免绕开直接的法律规定进入背后的利益评价而导致适用的不确定。

❖ 案例分析 ❖

"济南曹博士美容整形医院有限公司与孟倩名誉权纠纷案"【江苏省苏州市中级人民法院（2020）苏05民终410号民事判决书】对承担责任时考量的因素进行了说明。相关裁判摘要如下：本院认为，当事人对自己提出的诉讼请求所依据的事实或者反驳对方诉讼请求所依据的事实有责任提供证据加以证明。没有证据或者证据不足以证明当事人的事实主张的，由负有举证责任的当事人承担不利后果。本案中，孟倩（艺名孟茜）已提交其身份材料并在关联案件中到庭由法院核实身份，亦提交其新浪博客中的照片及利用搜狗识图进行搜索显示为孟茜的照片，该照片与案涉文章中使用的配图照片相同，故一审判决认定曹博士美容医院未经孟倩同意将孟倩的照片使用在其实际运营的网站的文章中，侵犯了孟倩的肖像权，于法有据。曹博士美容医院主张孟倩没有证据证明曹博士美容医院使用的照片是孟倩本人的照片，曹博士美容医院不应承担赔偿责任，没有事实及法律依据，本院不予采信。关于曹博士美容医院因侵犯孟倩肖像权应赔偿的损失数额。一审判决根据孟倩的知名度，曹博士美容医院的过错程度，侵权行为的时间、范围、影响等因素，结合孟倩维权可能支出的必要费用，酌定曹博士美容医院应当赔偿孟倩经济损失60000元，尚属合理范围，本院予以维持。

> 第九百九十九条　为公共利益实施新闻报道、舆论监督等行为的，可以合理使用民事主体的姓名、名称、肖像、个人信息等；使用不合理侵害民事主体人格权的，应当依法承担民事责任。

❖ **条文主旨** ❖

本条是关于实施新闻报道、舆论监督等行为时使用民事主体特定人格利益的规定。

❖ **条文解读** ❖

新闻报道、舆论监督有助于保障人民的知情权，有助于自上而下的组织监督和自下而上的民主监督的贯通。宪法对新闻报道和舆论监督作出了明确规定。这集中体现在宪法第35条、第41条第1款的规定中。

本条首先规定，为公共利益实施新闻报道、舆论监督等行为的，可以合理使用民事主体的姓名、名称、肖像、个人信息等。新闻报道是新闻单位对新近发生的事实的报道，包括有关政治、经济、军事、外交等社会公共事务的报道以及有关社会突发事件的报道。舆论监督是社会公众运用各种传播媒介对社会运行过程中出现的现象表达信念、意见和态度，从而进行监督的活动。舆论监督与新闻报道有密切的关系，但两者有不同。新闻不一定是舆论，新闻报道只是传播意见进而形成舆论的工具；新闻单位通过报道进行的监督仅是舆论监督的一种，舆论只是借助于传播工具实现其监督的目的。在新闻报道和舆论监督中，为了保障人民的知情权、维护国家利益和社会公共利益，可以合理使用民事主体的姓名、名称、肖像、个人信息等，无须民事主体的同意。据此，本法也作出了一些具体的规定。例如，本法第1020条第2项、第5项和第1036条第3项的规定。

本条同时明确规定，实施新闻报道、舆论监督等行为的，对民事主体的姓名、名称、肖像、个人信息等使用不合理侵害民事主体人格权益的，应当依法承担民事责任。虽然在新闻报道和舆论监督中，可以不经民事主体的同意，使用其姓名、名称、肖像、个人信息等。但是，为了保护民事主体的人格权，这种使用必须是合理的。此时，应当依据本法第 998 条的规定，综合考量权衡多种因素来进行判断。如果经判断认为使用是不合理的，则应当依法承担民事责任。

❖ 案例分析 ❖

"王小英、王小亚一般人格权纠纷案"【安徽省芜湖市中级人民法院（2019）皖 02 民终 1045 号民事判决书】对肖像权的合理使用进行了认定。相关裁判摘要如下：如上所述，死者的姓名权、肖像权受法律保护，对死者肖像的使用通常应经得对该肖像享有特定精神利益和财产利益的近亲属的同意，未经近亲属同意使用死者肖像，造成近亲属特定利益损害的，近亲属有权主张损害赔偿。然而，当存在某些可能被认为系对肖像的合理使用情形时，如因新闻报道、科学研究、文化教育等为社会公共利益或是为满足社会公众知情权而使用领袖人物、著名科学家、历史名人等死者肖像的，虽未经近亲属事先同意，亦因具备了某种违法性阻却事由而可以免责。本案中，吴琼创作该剧，事先已与王冠亚、王小英、王小亚沟通，并取得三人的同意，故王小英、王小亚主张吴琼侵害严凤英姓名权的诉讼请求不能成立。严凤英作为我国著名的黄梅戏艺术家，其肖像不仅是其个人所有，更具有社会公共价值，是公众了解和研究严凤英的重要资源。舞台剧《严凤英》创作初衷正是弘扬严凤英，传播黄梅戏，故在该剧演出过程中使用严凤英的肖像应属于对其肖像的合理使用，王小英、王小亚提出的吴琼侵害严凤英肖像权的诉讼请求不能成立。

> **第一千条** 行为人因侵害人格权承担消除影响、恢复名誉、赔礼道歉等民事责任的,应当与行为的具体方式和造成的影响范围相当。
>
> 行为人拒不承担前款规定的民事责任的,人民法院可以采取在报刊、网络等媒体上发布公告或者公布生效裁判文书等方式执行,产生的费用由行为人负担。

❖ **条文主旨** ❖

本条是关于消除影响、恢复名誉、赔礼道歉责任方式的规定。

❖ **条文解读** ❖

侵害人格权也可能会通过消除影响、恢复名誉、赔礼道歉责任方式予以救济。消除影响、恢复名誉,这是指人民法院根据受害人的请求,责令行为人在一定范围内采取适当方式消除对受害人名誉的不利影响,以使其名誉得到恢复的一种责任方式。具体适用消除影响、恢复名誉,要根据侵害行为所造成的影响和受害人名誉受损的后果决定。处理的原则是行为人应当根据造成不良影响的大小,采取程度不同的措施给受害人消除不良影响,例如,在报刊上或者网络上发表文章损害他人名誉权的,就应当在该报刊或者网站上发表书面声明,对错误内容进行更正。消除影响、恢复名誉主要适用于侵害名誉权等情形,一般不适用侵犯隐私权的情形,因为消除影响、恢复名誉一般是公开进行的,如果适用于隐私权的保护,有可能进一步披露受害人的隐私,造成更大的影响。赔礼道歉,是指行为人通过口头、书面或者其他方式向受害人进行道歉,以取得谅解的一种责任方式。赔礼道歉主要适用于侵害名誉权、荣誉权、隐私权、姓名权、肖像权等人格权的情形。赔礼道歉可以是公开的，也可以私下进行；可以口头方式进行，也可以书面方式进行，具体采用什么形式由法院依据案件的具体情况决定。

比较法中，对此存在类似措施。经研究，消除影响、恢复名誉、赔礼道歉，能够防止财产损失、精神损害的扩大或者进一步发生，弥补受害人所遭受的精神痛苦，类似于精神上的恢复原状，符合我国的传统文化，连接了法律与道德。多年来，无论在立法上还是在司法实践中，均被证明是行之有效的针对人格权侵害的救济形式，实践中被广泛采用。

对此，本条第1款首先明确了行为人因侵害人格权承担消除影响、恢复名誉、赔礼道歉等民事责任的，应当与行为的具体方式和造成的影响范围相当。这意味着，首先，在是否适用这些民事责任时，应当考虑到侵害人格权行为的具体方式和造成的影响范围。同时，在考虑行为的具体方式和造成的影响范围时，还应当将被侵权人的心理感受及所受煎熬、痛苦的程度纳入考虑范围。其次，适用这些民事责任的具体方式也应当考量行为的具体方式和造成的影响范围。在通常情况下，如果是在特定单位内传播侵害人格权的信息的，应当在特定单位内予以消除影响、恢复名誉、赔礼道歉。如果是在特定网络媒体上传播侵权信息的，应当在该网络媒体上澄清事实。

但是，当人民法院作出判决后，行为人拒不消除影响、恢复名誉、赔礼道歉的，依然存在如何执行的问题。目前，对于消除影响和恢复名誉，执行并不是难题。民事诉讼法第252条和第255条对此规定了替代执行措施。

需要注意的是，赔礼道歉与行为人的自由有着密切关系。赔礼道歉虽然可以缓解人格权被侵犯主体的精神痛苦，具有弥补损害的功能。但应该看到，赔礼道歉包含认错并向对方表示歉意的内涵，这涉及行为人内在的精神自由，也涉及纯粹消极层面的不表达的自由。目前，对于受害人或者法院以被告名义拟定道歉启事并予以公布这种道歉广告或者道歉启事方式是否符合比例原则存在不同观点。

就我国的司法实践而言，1993年《最高人民法院关于审理名誉权案件若干问题的解答》（已失效）和2014年《最高人民法院关于审理利用信息网络侵害人身权益民事纠纷案件适用法律若干问题的规定》明确规定通过公布裁判文书这种方式达到赔礼道歉的效果。此时，并非采取受害人或者法院以被告名义拟定道歉启事并予以公布这种道歉广告或者道歉启事方式，而是采取在报刊、网络等媒体上发布公告或者公布生效裁判文书这种替代方式。这种替代方式将对行为人内在精神自由和不表达自由的限制转变为了对行为人财产权的限制，符合最小损害的比例原则精神，有助于实现消除影响、恢复名誉的客观效果。比较法中，德国和法国均有将判决书刊载报纸上进行全文或者摘要刊登的规定。据此，本条第2款予以明确规定。根据本款规定，首先，行为人拒不承担消除影响、恢复名誉、赔礼道歉的民事责任。其次，执行的方式是在报刊、网络等媒体上发布公告或者公布生效裁判文书等方式。最后，人民法院是"可以"而非"应当"采取。鉴于侵害人格权的情形较为复杂，有时发布公告或者公布裁判文书可能会导致后续的损害，因此赋予人民法院根据情况加以酌定处理的必要。如果人民法院经过审理认为，侵权行为已经停止，且相关侵权信息已经删除，此时人民法院再发布公告或者公布裁判文书，则有可能将侵权结果再次扩大。此时，人民法院可以征询被侵权人的意见，在被侵权人不同意的情况下，人民法院也可以不采取发布公告或者公布裁判文书的方式执行，而通过其他方式予以执行。

❖ **案例分析** ❖

"北京微梦创科网络技术有限公司、齐春雷网络侵权责任纠纷案"【江西省高级人民法院（2015）赣民申字第288号民事裁定书】对承担赔礼道歉、消除影响或者恢复名誉等责任形式的范围进行了分析。相关裁判摘要如下：关于一、二审判决微梦网络公司在新浪首页连续刊登道歉声明是否适当的问题。根据《最高人民法院关于审理利用信息网络侵害人身权益民事纠纷案件适用法律若干问题的规定》第16条之规定："人民法院判决侵权人承担赔礼道歉、消除影响或者恢复名誉等责任形式的，应当与侵权的具体方式和所造成的影响范围相当……"根据一、二审查明，齐春雷系上海越剧院的越剧表演专业二级演员，曾多次获得全国及省市级的各类奖项和荣誉称号。一、二审根据齐春雷在该领域所做贡献及其所享有的知名度，判令微梦网络公司在新浪首页刊登道歉声明具有事实及法律依据。

> **第一千零一条** 对自然人因婚姻家庭关系等产生的身份权利的保护，适用本法第一编、第五编和其他法律的相关规定；没有规定的，可以根据其性质参照适用本编人格权保护的有关规定。

❖ **条文主旨** ❖

本条是关于身份权利保护参照适用人格权保护规则的规定。

❖ **条文解读** ❖

因婚姻家庭关系等产生的身份权利，包括自然人因婚姻关系产生的身份权利和因家庭关系产生的身份权利。前者是夫妻之间的身份权利，后者是因家庭关系产生的身份权利，例如，父母对子女的亲权和履行监护职责产生的权利。

第一章 一般规定

立法过程中，有观点提出，自然人因婚姻家庭关系产生的身份权利，与人格权在保护上具有一定相似性。对这些身份权利的保护，除了适用婚姻家庭编的规定外，还应当参照适用人格权保护的相关规定。经研究，身份权利和人格权利虽然不同，但是两者存在密切的关系。建立和维持与他人之间的身份关系，本身就是人格发展的必要条件，保护身份权利往往同时就是保护个人利益。此外，两种权利都不可转让，具有极强的道德性等相似的属性。据此，为完善身份权利的保护，体现民法典编纂的体系性，本条规定，对自然人因婚姻家庭关系等产生的身份权利的保护，适用本法第一编、第五编和其他法律的相关规定；没有规定的，可以根据其性质参照适用本编人格权保护的有关规定。

对自然人因婚姻家庭关系等产生的身份权利的保护，首先，应当适用本法总则编、婚姻家庭编和其他法律的相关规定。

其次，没有特别规定的，本编人格权保护的有关规定可以被参照适用于身份权利的保护。在对身份权利的保护没有明确的特殊规定时，可以根据其性质参照适用人格权保护的规定以弥补保护的漏洞，这有助于通过人格权保护的规定补充完善身份权利的保护。例如，本法第990条第2款、第995条第2款、第996条、第997条、第998条和第1000条，在一定情形下都可以参照适用。

再次，能够被参照适用于身份权利保护的只能是本编人格权保护的有关规定。例如，本法第993条规定的人格权许可使用规则，在身份权利中，就不存在参照适用的可能性。

最后，人格权保护的规定是被参照适用于而非直接适用于身份权利的保护。

第二章　生命权、身体权和健康权

本章共十条，对生命权、身体权和健康权这些自然人赖以生存的最基本人格权作出了规定，包括生命权、身体权和健康权的基本规定、法定救助义务、人体捐献、人体临床试验、基因胚胎研究、性骚扰和行动自由等内容。

> 第一千零二条　自然人享有生命权。自然人的生命安全和生命尊严受法律保护。任何组织或者个人不得侵害他人的生命权。

◆ 条文主旨 ◆

本条是关于生命权的规定。

◆ 条文解读 ◆

生命权，是指自然人享有的以维护生命安全和生命尊严为内容的权利。但是，因为生命权和健康权在权利内容上存在区别，并且生命的丧失不可逆转，因此侵权责任法第2条第2款已经将生命权和健康权区分为两种不同的民事权利予以规定。本法延续了侵权责任法的规定，区分规定生命权和健康权。

首先，本条明确自然人享有生命权。自然人只有享有生命权，才能作为一个主体在社会中生存并与他人交往，追求自己存在的价值。生命权是自然人最为重要的人格权，是其他人格权和其他权利的前提，是从事民事活动和其他一切活动的前提和基本要求。

其次，本条规定，生命权的内容是生命安全和生命尊严受法律保护。在自然人的生命权遭受侵害或者面临危险时，权利人可以依法采取相应的保护措施，以维护自己的生命安全。生命尊严受法律保护,是指自然人有权基于人格尊严,在消极意义上禁止他人侵害自己作为生命主体者的尊严,在积极意义上要求自己作为生命主体者的尊严获得应有的尊重,提升生命的尊严和品质。生命尊严使得生命权的保障在生命安全之外,扩展到生命过程中生命主体者的尊严获得应有的尊重。

基本医疗卫生与健康促进法第 33 条第 1 款也规定,公民接受医疗卫生服务,应当受到尊重。医疗卫生机构、医疗卫生人员应当关心爱护、平等对待患者,尊重患者人格尊严,保护患者隐私。有自我决定能力的自然人,可以积极地明确表达不同意采取某些特定的治疗手段的意思。如果自然人基于自己真实无误的个人意愿明确表达了此种拒绝,则此时应当尊重自然人的意愿,应该采取缓和的基础医疗服务。同时,对体外受精胚胎这种未来有发展成为生命的特殊存在物的具体处置,都要考虑到生命尊严的价值。

应当注意的是,本条所规定的生命权,仅是一种民事权利,不涉及政治权利[①]。同时,本条仅规定了生命安全和生命尊严受法律保护,但并未承认决定自己生命的权利,任意地决定自己的生命是违背公序良俗的。

最后,本条从反面进一步规定了任何组织或者个人不得侵害他人的生命权。不能把自然人的生命作为实现其他目的的手段,任何人都不得非法剥夺他人的生命。

第一千零三条　自然人享有身体权。自然人的身体完整和行动自由受法律保护。任何组织或者个人不得侵害他人的身体权。

---

① 政治权利:指公民依法享有的参与国家政治生活的权利。主要指选举权、被选举权,参加管理国家、担任公职和享受荣誉称号等权利。

❖ **条文主旨** ❖

本条是关于身体权的规定。

❖ **条文解读** ❖

身体权,是指自然人享有的以身体完整和行动自由受法律保护为内容的权利。本法总则编第 110 条第 1 款将身体权作为独立的人格权。身体权与生命权、健康权密切相关,侵害自然人的身体往往导致对自然人健康的损害,甚至剥夺自然人的生命。但生命权、健康权和身体权所保护的自然人的具体人格利益有区别,生命权以保护自然人生命的延续为内容之一,健康权以保护身体各组织及整体功能正常为内容之一,而身体权以保护身体组织的完整为内容之一。

依照本条规定,身体权的内容是身体完整和行动自由受法律保护。任何组织或者个人不得侵害他人的身体权。侵害身体权的行为是多样的。身体包括头颈、躯干、四肢、器官以及毛发指甲等各种人体细胞、人体组织、人体器官等,例如,剪掉头发或者眉毛,构成了对身体权的侵害。固定于身体成为身体组成部分,与其他组成部分结合一起发挥功能而不能自由卸取的人工附加部分,例如,假肢、义齿、义眼、心脏起搏器等,或者身体的某组成部分脱离身体后仍然要与身体结合的身体组成脱离部分,对这些部分的侵害,也可以被认为构成侵害身体权,造成严重精神损害的,可以依法请求精神损害赔偿。

应当注意的是,虽然自然人死亡之后就不再享有身体权,但是,自然人死亡后的遗体、遗骨和骨灰也应当受到尊重。

第二章 生命权、身体权和健康权

第一千零四条 自然人享有健康权。自然人的身心健康受法律保护。任何组织或者个人不得侵害他人的健康权。

❖ **条文主旨** ❖

本条是关于健康权的规定。

❖ **条文解读** ❖

健康权是自然人享有的以身心健康受法律保护为内容的权利。健康是维持人体正常生命活动的基础，健康权是自然人重要的人格权。本条规定的健康权是民事权利。国家对于公民健康，在公法意义上的保护义务是通过其他法律予以实现的。例如，基本医疗卫生与健康促进法第4条、第5条。

本条首先明确健康权的内容是身心健康受法律保护。身心健康包括身体健康和心理健康。健康，是指一个人在身体和心理等方面都处于良好的状态，相应地包括身体健康和心理健康，但不包括一个人在社会适应方面的良好状态以及道德健康等。作为身心统一体的人，身体和心理是紧密依存的两个方面，身体健康和心理健康具有密切的联系。

本条从反面进一步规定了任何组织或者个人不得侵害他人的健康权。因此，任何组织或者个人不得以殴打、推搡、撞击、撕咬、肉体折磨、威吓、精神折磨或者不作为等方式侵害他人的健康权。

第一千零五条 自然人的生命权、身体权、健康权受到侵害或者处于其他危难情形的，负有法定救助义务的组织或者个人应当及时施救。

❖ **条文主旨** ❖

本条是关于法定救助义务的规定。

❖ **条文解读** ❖

为了保护自然人的生命权、身体权和健康权，弘扬社会主义核心价值观，在自然人的生命权、身体权、健康权受到侵害或者处于其他危难情形中，法律应当鼓励和支持对自然人的适当救助。这种鼓励和支持体现在两个层面：第一，对不负有法定救助义务的救助人的保护。一方面，在救助人造成受助人损害情形下，救助人责任应予以限制或者免除，对此，本法第184条予以明确规定。另一方面，救助人因救助而自己受到损害时享有请求权，对此本法第183条予以明确规定。同时，本法关于无因管理的条文也为救助者提供了一定的保护。第二，规定特定主体在特定情况下的积极的救助义务。本条即规定了在自然人的生命权、身体权、健康权受到侵害或者处于其他危难情形中特定主体的救助义务。

本条适用的前提：首先是自然人的生命权、身体权、健康权受到侵害或者处于其他危难情形的。

其次是特定的组织或者个人负有法定的救助义务。积极的救助义务，在比较法中规定的前提范围是不同的。

为避免道德义务和法律义务的混淆而提出过高的行为要求，本条将负有救助义务限定在法律规定的前提下。法律对救助义务的规定，包括两种：第一种是条文中明确规定了救助义务。例如，本法第822条、海商法第174条、道路交通安全法第70条第1款的规定等。第二种是法律虽然没有明确规定救助义务，但规定中包含了救助义务。例如，本法第942条第1款、第1198条等。

本条适用的法律效果是负有法定救助义务的组织或者个人应当及时施救。首先,应当是及时施救,不得以未付费等为由拒绝或者拖延救助。其次,施救的措施包括亲自救助或者通过联系国家机关、急救机构等方式。

> 第一千零六条 完全民事行为能力人有权依法自主决定无偿捐献其人体细胞、人体组织、人体器官、遗体。任何组织或者个人不得强迫、欺骗、利诱其捐献。
> 完全民事行为能力人依据前款规定同意捐献的,应当采用书面形式,也可以订立遗嘱。
> 自然人生前未表示不同意捐献的,该自然人死亡后,其配偶、成年子女、父母可以共同决定捐献,决定捐献应当采用书面形式。

◆ **条文主旨** ◆

本条是关于人体捐献的规定。

◆ **条文解读** ◆

人体捐献包括人体细胞捐献、人体组织捐献、人体器官捐献、遗体捐献等。人体由有机质和无机质构成细胞,由细胞与细胞间质组成组织,由组织构成器官。人体细胞捐献,是指将身体内有活力的细胞群捐献出去,例如,造血干细胞、精子等的捐献。人体组织捐献,是指将身体的部分组织捐献出去,包括皮肤、角膜、骨骼、肌腱、血管、骨髓、神经等人体组织的捐献。人体器官捐献,是指将身体的某个仍然保持活力的器官捐献出去,包括心脏、肺脏、肝脏、肾脏或者胰腺等人体器官的捐献。

经研究,考虑到遗体捐献有利于医学研究和救治他人,应当予以鼓励。为了给人体捐献和移植提供一个有序的、符合伦理标准并且可接受的框架，规范人体捐献，保证医疗质量，保障人体健康，发扬人道主义精神，引导民众移风易俗，促进社会主义物质文明和精神文明建设，促进移植临床救治和医学的发展，在综合考虑多方面意见的基础上，本法吸收了《人体器官移植条例》的相关内容，借鉴比较法，对人体捐献予以规定，并设定了严格的条件。考虑到获得同意是所有医学干预措施的伦理和法律基石，也是人体捐献必须具备的前提，体现了自然人对人体捐献的自决权，因此，本法对人体捐献的规定，仅着眼于人体捐献应当获得的同意和对同意的限制，而不涉及其他更为细致的管理规定。

本条规定的主要内容如下：

第一，自然人享有捐献或者不捐献人体细胞、人体组织、人体器官和遗体的自主决定权。人体捐献与自然人的人格尊严密切相关，获得人体捐赠者的同意是人体捐赠最为重要的前提。

第二，人体捐献的意愿必须真实合法，任何组织或者个人不得强迫、欺骗、利诱捐献。人体捐献意愿必须是捐献人的真实意愿，捐献意愿不是因强迫、欺骗、利诱而作出的。同时，人体捐献的意愿也必须是合法的，不得违反法律规定和违背公序良俗。例如，基于医学伦理原则，捐献不得危及捐献人自身的生命或者严重损害捐献人自身的健康，以防止出现职业捐献者群体和变相的器官买卖，这是从维护捐献者的人格尊严和身体健康出发，对其捐献行为的限制。

第三，完全民事行为能力人[①]才有权依法自主决定。人体捐赠者必须对捐赠行为具有充分的判断和辨认能力，这要求捐

---

① 完全民事行为能力人：十八周岁以上的自然人是成年人，成年人为完全民事行为能力人。十六周岁以上的未成年人，以自己的劳动收入为主要生活来源的，视为完全民事行为能力人。

赠者必须具备完全的民事行为能力。未成年人以及不能完全辨认自己行为的成年人这些限制民事行为能力人①和无民事行为能力人②，一般不能作出人体捐献的有效同意。

第四，完全民事行为能力人依据前款规定同意捐献的，应当采用书面形式，也可以订立遗嘱。捐献可能对人体造成损害，涉及生命权、身体权、健康权等最基本的人格权利，同时还要确定捐献的意愿是真实的，因此，应当对同意捐献的形式作严格限制。

第五，自然人生前未表示不同意捐献的，该自然人死亡后，其配偶、成年子女、父母可以共同决定捐献，决定捐献应当采用书面形式。关于死体捐献有两种方式：一种方式是明确同意方式，即死者必须在生前依法表示了同意捐献的意愿。另一种方式是推测同意方式，即只要死者没有在生前表示不同意捐献的意愿，其配偶、成年子女、父母就可以捐献。我国的《人体器官移植条例》采取了后一种方式，条例第8条第2款对此予以明确规定。经研究，死体捐献不会对捐献者的生命或者健康造成严重损害，且能够发扬人道主义精神，引导民众移风易俗，促进社会主义物质文明和精神文明建设，有利于移植临床救治和医学的发展，本条延续了现有规定，采取了推测同意方式。

据此，如果自然人生前表示了不同意捐献的意愿，应当尊重自然人的自主决定权，其他任何人（包括配偶、成年子女、父母）都不能在自然人死亡后同意捐献。但是，如果自然人

---

① 限制民事行为能力人：不能完全辨认自己行为的成年人，实施民事法律行为由其法定代理人代理或者经其法定代理人同意、追认；但是，可以独立实施纯获利益的民事法律行为或者与其智力、精神健康状况相适应的民事法律行为。

② 无民事行为能力人：指不满八周岁的未成年人、八周岁以上的未成年人不能辨认自己行为的以及不能辨认自己行为的成年人。由其法定代理人代理实施民事法律行为。

生前未表示不同意捐献，该自然人死亡后，其配偶、成年子女、父母可以共同决定捐献。共同决定捐献需要满足的条件：（1）该自然人死亡后。在其死亡前，其仍有权决定是否捐献，其他人不能代为决定。（2）有权决定捐献的主体是死者的配偶、成年子女和父母。决定捐献者必须具备完全行为能力。死者没有配偶、成年子女或者父母也已经死亡的，其他近亲属等都不能决定捐献。（3）死者的配偶、成年子女和父母共同决定。如果其中任何一个人反对捐献，捐献也无法继续进行。在实践中，即使死者生前同意捐献，通常也要征得近亲属的同意，在死者生前未表示不同意捐献的情形中就更是如此，死者的配偶、成年子女和父母中的任何一个人不同意捐献的，都不能捐献。（4）决定捐献应当采用书面形式。

应当注意的是，死体捐献和活体捐献在很多问题上是不同的。活体捐献要受到严格限制，死体捐献受到的限制相比较而言少一些。

❖ **案例分析** ❖

"王某诉王某兄侵害人格权纠纷案"【北京二中院（2009）二民终字第13951号民事判决书】认为，在父母生前明确表示同意捐献的情况下，部分子女在其他子女未到场情况下按父母生前意愿捐献父母遗体，虽有不妥之处，但尚不构成对未到场子女侵权。相关裁判摘要如下：王某父生前领取了《志愿捐献遗体申请登记表》，亲自填写了申请人详细情况，并将捐献遗体意愿告知子女。根据王某父上述行为，并结合王某父生前所写字条内容，可认定捐献遗体系王某父真实意思表示。王某父去世后，王某兄将父亲遗体捐献给有关部门，该行为符合父亲生前意愿，其在办理遗体捐献手续时在申请表上代填父亲姓名，并不影响父亲捐献遗体意愿真实性。王某兄在王某未到场情况下捐献父亲遗体,虽有不妥之处,但属于处理家庭成员内部关系不当,尚不构成对王某人格权侵害。无偿捐献遗体系有益于社会公共利益的善举,亦无损社会公德和善良风俗,捐献者及其亲属均应得到全社会理解和支持。祭奠并非单纯对遗体的告别,更应是对死者精神追悼,王某认为王某兄侵犯了其祭奠等权利缺乏事实依据,判决驳回王某诉请。

> **第一千零七条** 禁止以任何形式买卖人体细胞、人体组织、人体器官、遗体。
> 违反前款规定的买卖行为无效。

❖ 条文主旨 ❖

本条是关于禁止买卖人体细胞、人体组织、人体器官、遗体的规定。

❖ 条文解读 ❖

基于人格尊严的理念,每一个自然人的身体应当受到尊重,避免仅仅将人体组成部分作为客体;同时,在实践中,人体的买卖很可能会不公平地利用最贫穷和最脆弱的群体,导致牟取暴利和贩卖人口。据此,本条也对禁止人体买卖作出规定。

本条首先明确,人体捐赠只能是无偿的,禁止以任何形式买卖人体细胞、人体组织、人体器官、遗体。买卖人体的形式在实践中多种多样,任何形式只要构成实质上的买卖,都应当被禁止。

本条进一步明确,违反前款规定的买卖行为无效。本法第153条规定,违反法律、行政法规的强制性规定的民事法律行为无效。但是,该强制性规定不导致该民事法律行为无效的除外。违背公序良俗的民事法律行为无效。据此，本条进一步明确，上述买卖行为是无效的，违反第1款的规定必然导致民事法律行为无效。如果买卖行为无效，买方无权请求卖方承担违约责任。如果买卖的人体组成部分已经被移植，此时就属于本法第157条中规定的不能返还的情形，这并不影响行为人依据法律的规定承担行政责任和刑事责任。

但是，应当注意的是，要将人体买卖和依据法律规定对捐赠人或者其近亲属的补偿或者救助、各种成本的补偿区分开，人体买卖是非法的，而对捐献人或者其近亲属进行补偿或者救助则是合法的。

> **第一千零八条** 为研制新药、医疗器械或者发展新的预防和治疗方法，需要进行临床试验的，应当依法经相关主管部门批准并经伦理委员会审查同意，向受试者或者受试者的监护人告知试验目的、用途和可能产生的风险等详细情况，并经其书面同意。
>
> 进行临床试验的，不得向受试者收取试验费用。

❖ **条文主旨** ❖

本条是关于人体临床试验的规定。

❖ **条文解读** ❖

人体临床试验，又称为人体试验，是指在病人或健康志愿者等受试者的人体上进行系统性研究，以了解新药、医疗器械或者发展新的预防和治疗方法的疗效与安全性。为研制新药、医疗器械或者发展新的预防和治疗方法，在研发阶段时，通常会先进行动物试验，动物试验通过之后进行人体试验。人体试验是确保其有效性和安全性必不可少的环节，对促进医疗科研事业的发展意义重大,因此,允许开展人体试验活动是必要的。但是,人体试验关系到受试者的生命健康,涉及其人格尊严,要符合伦理要求,有必要对此设定较为严格的条件。我国对此有相关的规范。例如,基本医疗卫生与健康促进法第32条第3款、疫苗管理法第16条至第18条、药品管理法第18条至第23条都对此作出了规定。

经研究,为了保护人的生命和健康,维护受试者的人格尊严,尊重和保护受试者的合法权益,促进人体临床试验的规范开展,在综合考虑多方面意见的基础上,本法吸收了相关规定内容,对人体试验予以规定。人体试验需要遵循的伦理原则是公正、尊重人格、力求使受试者最大程度受益和尽可能避免伤害,具体包括知情同意、控制风险、免费和补偿、保护隐私、依法赔偿、特殊保护等,而其中的基础和首要前提是受试者的知情同意,这体现了受试者对人体试验的自决权。

本条规定的主要内容如下:

第一,人体临床试验应当依法经相关主管部门批准并经伦理委员会审查同意。例如,疫苗管理法第16条第1款规定:"开展疫苗临床试验,应当经国务院药品监督管理部门依法批准。"

第二,受试者享有是否参加试验的自主决定权。基于保护受试者的人格尊严,尊重和保护受试者的合法权益,应当尊重和保障受试者是否参加研究的自主决定权。

第三,受试者同意参加临床试验的意愿必须真实合法。这首先意味着任何组织或者个人不得使用欺骗、利诱、胁迫等手段使受试者同意参加研究。其次意味着,应当依法告知试验目的、用途和可能产生的风险等详细情况,以使得受试者充分了解后再表达同意的意愿。

第四，知情同意权①由受试者或者其监护人依法行使。如果受试者是完全民事行为能力人，其能够单独有效地行使知情同意权。但是，在受试者不具备完全的民事行为能力时，情况比较复杂，本法仅作出了原则性规定，具体内容由特别法进一步规定。

第五，知情同意必须是书面形式。这也是我国现行有关规范的共识。

第六，进行临床试验的，不得向受试者收取试验费用。这是总结了我国现行的相关规范而作出的规定。

❖ 案例分析 ❖

"龙燕萍等与中国医学科学院阜外心血管病医院医疗损害责任纠纷案"【北京市西城区人民法院（2018）京0102民初5790号民事判决书】认为，在受试者明确签订临床试验知情同意书的情况下，意味着应当接受不能预判的风险，并放弃经典治疗方案的安全性，在此情况下，试验者对受试者死亡的责任不应过大。相关裁判摘要如下：一方面，对于患者及家属而言，采用先进的、创伤小的、愈后好的新技术治疗病情是其所期望，但TAVR并非传统治疗方案，而是处于临床试验阶段，其针对的患者是"老年重度主动脉瓣钙化性狭窄，心功能Ⅱ级以上且有外科手术高危或禁忌"等情况。换言之，TAVR适应证的患者是心脏病情相当严重且无法耐受外科手术老年病患。无论采取外科手术或者介入治疗，发生并发症的风险均存

---

① 知情同意权：由知情权和同意权两个密切相连的权利组成，知情权是同意权得以存在的前提和基础，同意权又是知情权的价值体现，强调患者的知情同意权，主要目的在于通过赋予医疗机构及其医务人员相应的告知义务，使患者在了解自己将面临的风险、付出的代价和可能取得的收益的基础上自由作出选择的权利。

在，甚至其概率几乎相同。中国逐渐步入老年社会，高龄人口的增加，老年人对于生活质量要求提高，而技术进步所对应的诊疗方案要有所突破。如果我们从更高的层次评估，TAVR 技术最终能在临床广泛应用，终将是更多数老年患者的福祉。循证医学就是不停试错的过程，在实践中积累数据，任何医疗决策应建立在最佳科学研究证据基础上得以完善。受试患者不存在已知禁忌症情况下，医方实施实验性治疗方案就在不断尝试和突破。中国人特有的 BAV 患者比例高于欧美受试者，意味着 TAVR 临床应用风险难以借助既往研究成果量化，所以临床研究需要采集更多的病例样本进行分析研究。患者参与该试验性治疗，意味着应当接受不能预判的风险，并放弃经典治疗方案的安全性。因此，临床试验阶段告知义务以及试验者的责任，并不等同于临床应用诊疗方案。特别是手术风险的原因以及应对方案，正是该阶段所要重点分析解决的。而对于失败病例的分析总结，则于技术进步更有价值。如果我们过于强调手术风险评估和绝对适应证，则失去了试验的价值和意义。司法鉴定认定医方承担共同因果关系的意见，过于加重临床试验者的责任。综上，本院调整责任分担，医方对于患者死亡存在告知不足，承担次要责任，责任比例为 40%。

> **第一千零九条** 从事与人体基因、人体胚胎等有关的医学和科研活动，应当遵守法律、行政法规和国家有关规定，不得危害人体健康，不得违背伦理道德，不得损害公共利益。

❖ **条文主旨** ❖

本条是关于与人体基因、人体胚胎等有关的医学和科研活动的规定。

❖ **条文解读** ❖

与人体基因有关的医学和科研活动，包括基因鉴定、基因制药、基因诊断、基因治疗、基因编辑、基因克隆等。与人体胚胎有关的医学和科研活动，包括与人体胚胎干细胞等有关的治疗性研究和生殖性研究。与人体基因、人体胚胎等有关的医学和科研活动是生命科学研究的重要组成部分，将极大地改变人类生命和生活的面貌，为改善个人和全人类的健康状况开辟广阔的前景。但是，这些活动也可能带来人体生命健康安全和伦理道德方面的风险，甚至对人类产生重大的潜在危险。

本条规定，从事与人体基因、人体胚胎等有关的医学和科研活动，应当遵守法律、行政法规和国家有关规定，不得危害人体健康，不得违背伦理道德，不得损害公共利益。主要包括了以下内容：

第一，尊重人格尊严。从事与人体基因、人体胚胎等有关的医学和科研活动，必须建立在尊重人格尊严的基础上，具体包括：一是禁止基于个人遗传特征的歧视；二是禁止对自然状态下的人类基因组或者胚胎进行商业化利用；三是要求人类基因数据等在使用时，不得用于意在侵犯或造成侵犯某一个人的人权、基本自由或人类尊严的歧视的目的或导致对某一个人、家庭、群体或社区造成任何侮辱的目的；四是强调个人的利益和福祉应高于单纯的科学利益或者社会利益等。

这同时意味着应当禁止违背人格尊严、生命保护的一切行为。从事与人体基因、人体胚胎等有关的医学和科研活动，应当以治疗疾病和提升人类福祉为目的，不得危及特定人员和全人类的健康利益。禁止生殖性克隆等违背人格尊严的遗传工程技术的研究和应用。禁止买卖人类遗传资源、配子、受精卵、胚胎或胎儿组织等行为。禁止非医学需要的胎儿性别鉴定和选择性别的人工终止妊娠。

第二,尊重知情同意权。从事与人体基因、人体胚胎等有关的医学和科研活动,应当尊重他人自己作出决定的权利,事先征得有关人员自愿、知情和明确表示的同意,向其提供清楚、公正、充分和适当的信息。对没有能力行使自主权的人应采取特殊措施保护他们的权益。当事人可以在任何时候、以任何理由撤销其同意。

第三,尊重当事人的隐私,保护相关的个人信息。从事相关活动时,应尊重当事人的隐私,对与个人有关的遗传信息保密。

第四,正当程序等保障。只有为了维护公众安全,为了对刑事犯罪进行调查、侦查和提出起诉,为了保护公众健康或者保护其他人的权利和自由,在法律规定了特定权限和特定程序的情况下,才可对上述原则加以限制。

❖ **案例分析** ❖

2019年12月30日,深圳市南山区人民法院一审公开宣判"基因编辑婴儿案"。贺某、张某、覃某等3名被告人因共同非法实施以生殖为目的的人类胚胎基因编辑和生殖医疗活动,构成非法行医罪,分别被依法追究刑事责任。法院审理查明,自2016年以来,南方科技大学原副教授贺某得知人类胚胎基因编辑技术可获得商业利益,即与广东省某医疗机构张某、深圳市某医疗机构覃某共谋,在明知违反国家有关规定和医学伦理的情况下,仍以通过编辑人类胚胎CCR5基因可以生育免疫艾滋病的婴儿为名,将安全性、有效性未经严格验证的人类胚胎基因编辑技术用于辅助生殖医疗。贺某等人伪造伦理审查材料,给男方为艾滋病病毒感染者的多对夫妇实施基因编辑及辅助生殖,并以冒名顶替、隐瞒真相的方式,由不知情的医生将基因编辑过的胚胎通过辅助生殖技术移植入人体内，致使2人怀孕后生下3名"基因编辑婴儿"。法院认为，3名被告人未依法取得医生执业资格，故意违反国家有关科研和医疗管理规定，逾越科研和医学伦理道德底线，贸然将基因编辑技术应用于人类辅助生殖医疗，扰乱了医疗管理秩序，情节严重，其行为已构成非法行医罪。

> **第一千零一十条** 违背他人意愿，以言语、文字、图像、肢体行为等方式对他人实施性骚扰的，受害人有权依法请求行为人承担民事责任。
>
> 机关、企业、学校等单位应当采取合理的预防、受理投诉、调查处置等措施，防止和制止利用职权、从属关系等实施性骚扰。

❖ **条文主旨** ❖

本条是关于性骚扰的规定。

❖ **条文解读** ❖

性骚扰行为会影响受骚扰者的学习、工作和生活，侵害其人格尊严、自由，损害其形象和自尊，严重的性骚扰甚至会造成被骚扰者的恐惧、自闭和盲目依赖，还可能导致社会中的性别歧视，这个问题引起社会的较大关注。不少国家和地区都对性骚扰予以规定。有些国家和地区制定了反性骚扰的特别立法；有的针对工作场合的性骚扰予以特别规定；有的在其他特别法中予以规定。在我国，妇女权益保障法第40条、治安管理处罚法第42条第5项和第44条、女职工劳动保护特别规定第11条也对此进行了相应的规定。最高人民法院也在2018年将"性骚扰责任纠纷"作为新增加的民事案件案由。

经研究，对性骚扰行为，需要各个领域和各个层次的法律共同形成相互协调、相互补充的多层次综合治理机制。在民法典中进行规定能够为防止性骚扰奠定坚实的法律基础，为受害人提供民法上的救济。据此，本法在总结既有立法和司法实践经验的基础上，对性骚扰问题予以回应，明确了性骚扰的认定标准，并规定了相应单位的义务。

性骚扰行为可能是采取触碰受害人身体私密部位的行为方式，这会涉及身体权；也可能是采取言语、文字、图像等方式，影响受害人心理健康甚至身体健康，这会涉及健康权。立法过程中，对性骚扰行为侵害的是受害人的何种权利存在争论。但是，不同观点的共识在于性骚扰的侵害行为侵害了他人的人格尊严，构成了侵害人格权的行为。因此，本法是从遏制性骚扰行为的角度予以规定。

首先，本条第1款规定了性骚扰的一般性构成要件。考虑到民法典是民事基本法，为了适应社会的发展变化，本款仅规定了性骚扰的一般性构成要件，但未对何为性骚扰作具体的界定，这些可以留给特别法[①]和司法实践处理。根据实践的情形，构成性骚扰一般包括以下条件：

1. 性骚扰中受害人是所有的自然人。实践中，性骚扰的受害人多为女性，妇女权益保障法第40条也仅规定了禁止对妇女实施性骚扰。但是，本款所规定的性骚扰不区分性别、年龄，无论是男性还是女性、成年人还是未成年人都可能成为性骚扰的受害人，也不区分行为人与受害人是同性还是异性。

2. 行为与性有关。行为人具有性意图，以获取性方面的生理或者心理满足为目的。一些国家和地区的性骚扰还涉及性别歧视。虽然很多性骚扰行为是基于性别歧视的观念作出的，

---

① 特别法：对于特定的人群和事项，或者在特定的地区和时间内适用的法律。又可以称为特别规定，一般法也可以称为一般规定。

但是，考虑到反对性别歧视属于宪法第48条所规定的男女平等以及本法所规定的人格尊严保护的内容，因此，本款的适用强调性骚扰行为与性有关。在实践中，具体的方式是多种多样的，包括言语、文字、图像、肢体行为等。

3. 性骚扰构成的核心是违背他人意愿。性骚扰与两厢情愿的调情、约会等的区别，是因为此类行为违背了他人意愿。对受害人有职权控制关系的领导、上司、老师等的行为，受害人迫于某种压力往往采取隐忍或者以委婉的方式拒绝，甚至是屈从而在行为上表现为"自愿"，但主观上对该行为是不欢迎或者反感的，此时也可以认定为违背他人意愿。

4. 行为一般具有明确的针对性。性骚扰行为所针对的对象一般是具体的、明确的，此时才可能会承担民事责任。无论是长时间还是短时间的性骚扰，均是针对某个具体的对象。

5. 行为人主观上一般是故意的。因错写手机号码或者邮件地址，将包含两性内容的短信或邮件误发他人，不构成性骚扰。

其次，本条第1款同时规定，如果行为人实施性骚扰行为，受害人有权依法请求行为人承担民事责任。受害人有权依法请求行为人承担民事责任，这意味着如果本法和其他法律的规定对行为人承担民事责任，要求具备其他的责任构成要件，或者进一步对责任后果予以细致规定的，应当依照其规定。

本条第1款是对性骚扰的一般性规定。但是，在实践中，利用职权、从属关系的性骚扰情形较多，此种性骚扰并非只能发生于工作场所，也可能发生在工作场所之外。行为方式也是多样的，比较典型的方式，例如，利用职务、从属关系以明示或者暗示方式对他人施加压力，向他人索取性服务，或者以录用、晋升、奖励等利益作为交换条件，诱使他人提供性方面的回报。因此，本条第2款针对此种情形，特别规定了机关、企业、学校等单位的义务。依照本款规定,这些单位负有为防止和制止利用职权、从属关系等实施性骚扰而采取措施的义务。最后,这些单位应当采取合理的预防、受理投诉、调查处置等措施。这些措施涵盖了事前的预防、事中的受理投诉和事后的调查处置各个层面。

应当注意的是,单位除了应当负有采取合理措施防止和制止利用职权、从属关系等实施性骚扰而采取措施的义务,也负有采取合理措施防止和制止其他性骚扰的义务。例如,单位的客户到单位对单位的工作人员实施性骚扰,单位也负有采取合理措施的义务。

❖ **案例分析** ❖

"广东邦达实业有限公司与林顺沅劳动合同纠纷案"【广东省中山市中级人民法院(2015)中中法民六终字第235号民事判决书】对劳动场所的性骚扰行为进行了认定。相关裁判摘要如下:首先,林顺沅的行为是否认定为性骚扰行为的问题。《中华人民共和国妇女权益保障法》第40条规定:"禁止对妇女实施性骚扰。受害妇女有权向单位和有关机关投诉。"而《广东省实施〈中华人民共和国妇女权益保障法〉办法》第29条第1款规定:"禁止违反妇女意志以带有性内容或者与性有关的行为、语言、文字、图片、图像、电子信息等任何形式故意对其实施性骚扰。"上述法律条文明确禁止特别是在劳动场所进行性骚扰。本院认为,劳动场所的性骚扰行为一般包含三方面:一是此行为带性色彩;二是此行为对承受方而言是不受欢迎的,是有损于其人格和尊严的;三是这种行为可导致承受人在工作场所中产生一种胁迫、敌视、羞辱性的工作环境。本案中,林顺沅利用电脑软件在照片上添加对白文字和主题,该文字和主题以公司女同事为对象,带有明显的与性有关的文字故意对照片中的女同事实施上述行为,且从女同事向公司领导投诉和哭诉的事实能够确认林顺沅的行为造成行为对象的羞辱和不适,明显违背了女同事的意志,造成女同事精神上的压力,上述行为应认定为性骚扰行为。

> **第一千零一十一条** 以非法拘禁等方式剥夺、限制他人的行动自由,或者非法搜查他人身体的,受害人有权依法请求行为人承担民事责任。

◆ **条文主旨** ◆

本条是关于非法剥夺、限制他人行动自由和非法搜查他人身体的规定。

◆ **条文解读** ◆

为进一步落实宪法的规定和精神,加强对自然人人身自由的保护,协调与其他法律相关规定之间的关系,本条规定了非法剥夺、限制他人行动自由和非法搜查他人身体的,受害人有权依法请求行为人承担民事责任。

首先是非法剥夺、限制他人行动自由。本条所谓的行动自由,指的是身体行动的自由,不包括意志的自由或者精神活动的自由。非法剥夺、限制他人行动自由在实践中的方法多种多样,如非法拘禁、非法逮捕、拘留、非法强制住院治疗等。

其次是非法搜查他人身体。实践中,发生了超市、商场等非法搜查他人身体的行为,这些行为往往以限制行动自由为前提,同时涉及自然人对自己身体的权利,侵害了自然人的人格尊严。

本条进一步规定,以非法拘禁等方式剥夺、限制他人的行动自由,或者非法搜查他人身体的,受害人有权依法请求行为人承担民事责任。这意味着如果本法和其他法律的规定对行为人承担民事责任，要求具备其他的责任构成要件，或者进一步对责任后果予以细致规定的，应当依照其规定。

❖ **案例分析** ❖

"钱某诉某超市名誉权纠纷案"【上海市第二中级人民法院（1998）沪二中民终字第 2300 号民事判决书】认为，经营者将未实施偷窃行为的顾客扣留并进行搜身检查，构成对顾客人格权侵犯，应承担精神损害抚慰金赔偿责任。相关裁判摘要如下：超市将钱某滞留店中作检查，不仅时间长达近两小时，其间还出现钱某解扣脱裤接受检查事实。超市行为违反了宪法和民法通则有关规定，侵犯了钱某人格权，对此，应向钱某赔礼道歉。钱某要求超市对其精神损害进行赔偿，理由正当，应予支持。

第三章　姓名权和名称权

本章共六条，对自然人姓名权和法人、非法人组织名称权的内容，自然人取姓的规则，对姓名权和名称权的保护，对艺名、笔名、译名和商号的保护等内容作了规定。

> **第一千零一十二条**　自然人享有姓名权，有权依法决定、使用、变更或者许可他人使用自己的姓名，但是不得违背公序良俗。

❖ **条文主旨** ❖

本条是关于姓名权内容的规定。

❖ **条文解读** ❖

姓名是一个自然人在社会中区别于其他人的标志和符号。

姓名的产生是与社会的形成密不可分的，人作为社会中的一员，需要与社会中的其他成员进行社会交往，发生各种各样的关系，进行社会交往就需要让成员之间能相互区别开来，姓名就是为了适应这种社会交往而产生的。

姓名对于社会中的自然人来说意义极为重大：一是社会生活的需要。在姓名出现前，人们在社会交往中要进行个体识别较为困难，而姓名的出现则解决了这一难题，方便了人们的交往。二是姓名具有一定身份定位的功能。姓名由姓氏和名字组成。姓氏在早期代表了某一自然人的血缘和家族的归属，现在仍是特定群体遗传关系的重要记号之一，而名字则既是家族成员辈份的体现，也是该自然人的个人符号。在早期，姓名的身份定位功能极强，例如，封建社会中帝王贵族的姓氏就是身份的象征，普通百姓不能随意使用这样的姓氏。随着封建社会的灭亡和社会的发展，姓名这种具有极强身份属性的功能逐渐减弱。但是，姓名的身份定位功能在家族和亲属之间仍在一定程度上存在和体现。因此，从这个意义上讲，姓名是一个家族成员的共同纽带，有利于维护家族成员的精神情感和身份认同。三是具有重要的法律意义。从民法的角度看，一个自然人拥有姓名后以姓名为标记，使自己与社会中的其他成员相区别，享受权利、承担义务，使自己的尊严得到更好的彰显，个性得到更好的发展，个人的名誉得到更好的维护，等等。从公法的角度看，由于姓名具有极强的表征功能，每一个姓名就代表着一个自然人，因此，姓名的出现可以使国家对社会的管理更方便，现在户籍管理制度、身份证管理制度和人事档案制度等管理制度都是建立在姓名基础上的。

民法典在继承民法通则规定的基础上明确将姓名权作为一种重要的具体人格权纳入人格权编，并明确规定，自然人享有姓名权。该规定有以下几层含义：一是姓名权的主体只能是自然人。根据本法总则编的规定，我国的民事主体包括自然人、法人和非法人组织三类。法人或者非法人组织享有的是名称权，不享有姓名权，姓名权专属于自然人。二是任何一个自然人都享有姓名权。每个自然人自出生之时就享有这种权利，有权依法决定、使用、变更或者许可他人使用自己的姓名，任何组织和个人都无权剥夺自然人这种权利，也不得以干涉、盗用、假冒等方式侵害自然人姓名权。三是任何一个自然人都平等地享有姓名权。自然人对姓名权的享有不因民族、性别、年龄等因素的不同而有差别，也不因民族、性别、年龄等因素的不同而受到不同保护。

民法通则第 99 条第 1 款明确规定，公民享有姓名权，有权决定、使用和依照规定改变自己的姓名，禁止他人干涉、盗用、假冒。从实践情况看，这种定义方式符合我国的现实，也符合司法实践的需要。本法继承和延续了这种方式，明确规定自然人有权依法决定、使用、变更或者许可他人使用自己的姓名。但是，与民法通则的规定相比，有两个变化：一是增加了一种姓名权的权能，即自然人有权依法许可他人使用自己的姓名。二是民法通则只强调了改变自己姓名需要依照规定，而本次编纂中考虑到本法第 1015 条的规定以及居民身份证法等法律法规对姓名的决定、使用、变更或者许可都有一定规范，所以本条强调，自然人虽然有权决定、使用、变更或者许可他人使用自己的姓名，但都应当依法进行。这里强调的"依法"决定、使用、变更或者许可主要针对正式姓名而言的，即国家居民身份证、户口登记、档案等法定文件或者记录中的姓名。对于非正式姓名，例如，笔名、艺名等非正式姓名则不需要遵循本法和其他法律法规所规定的强制性规则，例如，一个人的笔名不需要随父姓或者母姓，也不需要到户口登记机关进行登记。根据本条的规定，姓名权的内容主要包括四项权能：

1. 决定姓名的权能。一个自然人有权决定自己的姓名是姓名权最为基本的内容，是自然人人格发展和自我决定的重要表现形式，也是其变更、使用或者许可他人使用自己姓名的前提和基础，任何组织或者个人不得非法干预。需要强调的是，自然人有权决定自己的姓名，但这种决定权应当依法进行。"依法"体现在以下几个方面：一是对姓氏的选择应当依法进行。本法第1015条对姓氏的选取规则作了明确规定。二是姓名的选取应当遵循一定的程序。根据本法第1016条规定，自然人决定、变更自己的姓名的，应当依法向有关机关办理登记手续。根据我国户口登记条例的规定，婴儿出生后1个月以内，由户主、亲属、抚养人或者邻居向婴儿常住地户口登记机关申报出生登记。因此，婴儿的姓名决定权由其监护人行使。这并非对姓名决定权能的否定，而是考虑到婴儿为无民事行为能力人，其无法亲自行使这项权能，根据本法总则编的相关规定，婴儿等无民事行为能力人，由其法定代理人代为从事民事法律行为，婴儿的法定代理人是其父母等监护人。所以，婴儿的父母代为行使姓名决定权能是监护权和亲权的体现。

2. 使用姓名的权能。姓名权人有权按照自己意志决定自己的姓名如何使用，在何处使用自己的姓名，例如，可以允许商业公司以自己的姓名冠名某一场活动，或者冠名某一公司，任何组织或者个人不得干涉或者妨碍，也不得盗用或者假冒姓名权人的姓名。

3. 变更姓名的权能。自然人出生后，由于其为无民事行为能力人，其姓名由监护人决定，本人在具备完全民事行为能力后，有权对自己的姓名进行变更。但是，自然人对姓名的变更权能不得任意行使。一般情况下，权利人行使自己的权利只要不违反法律的强制性规定和违背社会的公序良俗即可。但是，自然人的姓名绝不仅仅是社会交往的符号，其与传统文化、婚姻形态、风俗习惯、价值观念、伦理道德等密切相关，还承载着代表个体、表明登记身份、规范婚姻和家庭秩序、文化传承、社会治理等诸多社会功能，自然人变更自己的姓名不但会影响自己的权利义务关系，也会对国家治理以及社会公共利益造成影响。基于此，我国居民身份证法等法律法规对自然人变更姓名作了一定限制，要求自然人变更姓名要遵循一定的程序；民法通则第99条也专门规定，变更姓名应当"依照规定"进行。根据本法第1016条规定，自然人决定、变更自己的姓名的，应当依法向有关机关办理登记手续。同行使姓名权的决定权能一样，变更姓氏同样需要遵循本法第1015条的规定，即自然人原则上应当随父姓或者母姓。从法律效力看，民事主体变更姓名、名称的，变更前实施的民事法律行为对其具有法律约束力。

4. 许可他人使用姓名的权能。本法第992条规定，人格权不得放弃、转让或者继承。姓名权作为一种重要的人格权，与自然人密不可分，它本身不具有直接的财产内容，其不得被转让、赠与或者继承。但是，随着社会的发展，姓名商业利用问题日益突出，一些自然人姓名中的财产利益凸显，例如，姚明作为著名的运动员，其姓名具有巨大的广告效应和商业价值。姓名权人在一定程度上可以对自己的姓名进行商业利用，允许他人使用自己的姓名并取得一定的经济收益，实践中这样的案件已有很多，例如，袁隆平作为著名的科学家，许可一家上市公司"隆平高科"使用自己的姓名作为公司名称的一部分。这里需要强调几点：一是姓名权人许可他人使用自己的姓名不是转让姓名权。姓名权作为一种人格权，本身与姓名权人不可分割，不可被转让。姓名权人许可他人使用的是姓名中的非人格利益。二是许可他人使用并不是指姓名在社会交往中的正常使用。对于人与人之间进行正常的社会交往使用他人的姓名，不需要取得姓名权人的许可就可以使用。例如，日常交往中称呼他人的姓名，会议举办方将与会人员的姓名打印成桌签等。法条中的姓名权人许可他人使用是指超出正常社会交往中的使用，例如，使用他人的姓名打广告、促销，借用他人的名义召开会议等。

自然人虽享有姓名权，有权依法决定、使用、变更或者许可他人使用自己的姓名，但是，自然人行使自己的姓名权不是绝对的，不是没有任何限制的。自然人在决定、变更、使用或者许可他人使用姓名的过程中，不得违反法律、行政法规的相关规定，不得违背公序良俗。

❖ **案例分析** ❖

赵 C，江西省鹰潭市月湖区居民。因其独特的英文字母姓名和关于姓名权的争议，成为网络热门人物。案件中，鹰潭市公安局月湖分局以"C"为外文文字为由不予更换"二代证"，并提出要更换"二代证"必须先修改"中英结合"的名字。为了维护自身的姓名权，赵 C 遂起诉鹰潭市公安局月湖分局，该案因此被媒体称为"全国通过诉讼捍卫姓名权第一案"。法院一审判决：责令鹰潭市公安局月湖分局允许赵 C 以"赵 C"为姓名申办第二代身份证。一审宣判后，鹰潭市公安局月湖分局依法提出上诉。二审过程中，双方经协商，达成和解，赵 C 改名。

> **第一千零一十三条** 法人、非法人组织享有名称权，有权依法决定、使用、变更、转让或者许可他人使用自己的名称。

第三章 姓名权和名称权

❖ **条文主旨** ❖

本条是关于法人①、非法人组织②名称权内容的规定。

❖ **条文解读** ❖

名称是法人或者非法人组织在社会活动中用以代表自己并区别于其他法人或者非法人组织的文字符号和标记。其功能与意义和自然人的姓名类似,是法人或者非法人组织从事民事活动的前提和基础。任何合法设立的法人或者非法人组织都享有名称权。

本条规定,法人、非法人组织享有名称权,有权依法决定、使用、变更、转让或者许可他人使用自己的名称。根据该规定,名称权的内容包括五个方面:

一是决定名称的权能。法人、非法人组织对名称的权利首先体现为名称的决定权,即其有权决定本组织取什么样的名称。法人或者非法人组织通过决定名称对外表征其行业、组织形式等相关信息。但是,法人或者非法人组织决定名称的权利是否不受任何限制呢?对于这个问题,有两种不同的做法:一种是真实主义,即法人选定的名称必须与其经营内容和业务范围相一致,否则不予承认;另一种是自由主义,即法人名称如何确定,完全由当事人自由选择,法律不加限制,即使名称与法人的营业内容和业务范围没有关系也是允许的。这两种做法各有利弊。从目前的规定看,我国原则上采纳的是真实主义模

---

① 法人:具有民事权利能力和民事行为能力,依法独立享有民事权利和承担民事义务的组织。

② 非法人组织:指介于自然人和法人之间的,未经法人登记,不具有法人资格但可以自己的名义进行民事活动的社会组织。这种社会组织,是为实现某种合法目的或以一定财产为基础并供某种目的之用而联合为一体的非按法人设立规则而设立的人的群体。

式。例如，根据《基金会名称管理规定》的规定，基金会名称应当反映公益活动的业务范围。基金会的名称应当依次包括字号、公益活动的业务范围，并以"基金会"字样结束。根据《企业名称登记管理规定》的规定，企业应当根据其主营业务，依照国家行业分类标准划分的类别，在企业名称中标明所属行业或者经营特点。我国公司法、合伙企业法等法律对公司、合伙企业的名称设定也有相应的要求。即便如此，法人或者非法人组织在法律规定的范围内仍有较大的自由选择空间。

二是使用名称的权能。法人或者非法人组织对自己享有的名称享有独占使用的权利，任何组织或者个人都不得非法干涉其使用。与自然人对自己姓名的使用不完全相同。在同一地区，法律并不禁止自然人取与其他自然人相同的姓名，但在同一地区，法律原则上不允许法人或者非法人在同行业取相同的名称。需要强调的是，法人或者非法人组织对自己名称的独占使用，并不排除不同行业使用这一名称，但是使用时必须标明行业。

三是变更名称的权能。法人或者非法人组织在使用名称过程中，有权按照自己的意愿变更自己的名称，任何组织或者个人不得非法干预。但是，除了法律、行政法规另有规定外，变更名称必须依照法定程序进行变更登记。例如，我国公司登记管理条例规定，公司变更登记事项，应当向原公司登记机关申请变更登记。未经变更登记，公司不得擅自改变登记事项。名称属于公司的登记事项，公司变更名称的，应当办理变更登记。变更登记后，原名称就被依法撤销，法人或者非法人应当在从事各项民事活动中使用新的名称，不得再继续使用原名称从事民事活动。

四是转让名称的权能。法人或者非法人组织对其名称享有转让的权能，这是名称权与姓名权的重要区别。法人或者非法人组织可以将其对名称享有的权利全部转让给其他法人或者非法人组织，受让人成为该名称权的主体，转让人则对该名称丧失名称权。需要指出的是，并非所有法人或者非法人组织的名称权都可以转让，原则上只有营利性法人或者营利性非法人组织的名称权可以转让。对于营利性法人或者营利性非法人组织而言，名称权具有较强的财产性，其可以通过转让名称权获得转让费。对于名称权的转让，由于在我国采取绝对转让主义，即法人或者非法人组织转让名称时得将营业一并转让，所以就会产生转让人的债权债务在名称转让后如何处理的问题。从理论上讲，受让人受让该名称时实际上同时也就成了转让人营业的新主体，其在受让名称时，应当就转让人的债权债务与转让人进行约定处理，有约定的，依照其约定；没有约定的，受让人在受让名称时，也应当一并承受债权债务。即使在有约定的情况下，若没有以通知或者登记等方式告知于债权人，为了保护债权人的利益，债权人也可以请求受让人承担转让人的债务。

五是许可使用的权能。法人或者非法人组织享有在一定范围和期限内允许其他法人或者非法人组织使用自己名称的权利。法人或者非法人组织许可他人使用自己名称的同时，自己仍可以继续使用该名称，在没有特别约定的情况下，还可以允许多家主体使用该名称，这是许可使用名称与转让名称最大的区别。许可使用名称这种情形主要是针对营利性法人或者营利性非法人组织而言的。名称权人可以有偿许可他人使用，也可以无偿许可他人使用。法人或者非法人组织许可他人使用自己的名称一般都要签订名称使用合同，对使用的期限、范围、报酬等事项作出约定。

需要强调的是，我国现行法律、行政法规和部门规章对名称权的决定、使用、变更、转让或者许可他人使用都作了不少规定，且对于不同性质的法人和非法人组织其名称权的决定、使用、变更、转让或者许可他人使用的规则也不完全相同。例如，本法第1016条规定，法人、非法人组织决定、变更、转让名称的，应当依法向有关机关办理登记手续，但是法律另有规定的除外。民事主体变更名称的，变更前实施的民事法律行为对其具有法律约束力。名称权人决定、使用、变更、转让或者许可他人使用名称均不得违反这些规定。

❖ 案例分析 ❖

1990年，原告齐某与被告之一陈某是山东省滕州市第八中学（以下简称滕州八中）的初中学生，都参加了中等专科学校的预选考试。陈某因在预选考试中成绩不合格，失去了继续参加统一招生考试的资格。陈某从滕州八中冒领齐某的录取通知书后，随即在其父亲陈某政的策划下，运用各种手段，以齐某的名义就读济宁商校直至毕业。毕业后，陈某仍然使用齐某的姓名，在中国银行滕州支行工作。齐某发现陈某冒用其姓名后，向山东省枣庄市中级人民法院提起民事诉讼，被告为陈某、陈某政、济宁商校、滕州八中和山东省滕州市教育委员会（以下简称滕州教委）。原告诉称：由于各被告共同弄虚作假，促成被告陈某冒用原告的姓名进入济宁商校学习，致使原告的姓名权、受教育权以及其他相关权益被侵犯。请求法院判令被告停止侵害、赔礼道歉，并赔偿原告经济损失16万元，精神损失40万元。枣庄市中级人民法院经过审理后认定：（1）民法通则第99条规定，"公民享有姓名权，有权决定、使用和依照规定改变自己的姓名，禁止他人干涉、盗用、假冒"。被告陈某在其父陈某政策划下盗用、假冒齐某姓名上学，是侵害姓名权的一种特殊表现形式。（2）原告齐某主张的受教育权，属于公民一般人格权范畴。它是公民丰富和发展自身人格的自由权利。但是，本案证据表明，齐某已实际放弃了这一权利，即放弃了上委培的机会。其主张侵犯受教育权的证据不足，不能成立。齐某基于这一主张请求赔偿的各项物质损失，均与被告陈某的侵权行为无因果关系，故不予支持。（3）原告齐某的姓名权被侵犯，除被告陈某、陈某政应承担主要责任外，被告济宁商校明知陈某冒用齐某的姓名上学仍予接受，故意维护侵权行为的存续，应承担重要责任；被告滕州八中与滕州教委分别在事后为陈某、陈某政掩饰冒名行为提供便利条件，亦有重大过失，均应承担一定责任。一审判决作出后，齐某向山东省高级人民法院提起上诉，除了对精神损害赔偿的标准提出异议外，还提出证据表明自己并未放弃受教育权，被上诉人确实共同侵犯了自己受教育的权利，使其丧失了一系列相关利益。山东省高级人民法院审理后判决认为：根据本案事实，陈某等以侵犯姓名权的手段，侵犯了齐某依法受教育的基本权利，并造成了具体的损害后果，应承担相应的民事责任。

> **第一千零一十四条** 任何组织或者个人不得以干涉、盗用、假冒等方式侵害他人的姓名权或者名称权。

❖ **条文主旨** ❖

本条是关于禁止侵害他人的姓名权或者名称权的规定。

❖ **条文解读** ❖

自然人对自己的姓名享有姓名权，法人、非法人组织对自己的名称享有名称权。自然人享有的姓名权除了体现在对姓名有权依法决定、使用、变更或者许可他人使用方面外，学理上称之为姓名权的积极权能；还体现在任何组织或者个人不得以干涉、盗用、假冒等方式侵害自己的姓名权，学理上称之为姓名权的消极权能。同理，法人、非法人组织享有的名称权也体现在这两个方面。本章前两条分别对姓名权和名称权的积极权能作了规定，为了更好地保护姓名权人和名称权人的权益，本条对姓名权和名称权的消极权能也作了规定，本规定延续了我国现行法律和司法解释的规定。民法通则第 99 条规定，禁止他人干涉、盗用、假冒公民的姓名权。《最高人民法院关于贯彻执行〈中华人民共和国民法通则〉若干问题的意见（试行）》（已失效）第 141 条规定，盗用、假冒他人姓名、名称造成损害的，应当认定为侵犯姓名权、名称权的行为。

实践中，侵害姓名权、名称权的方式很多，本条列举了几种较为典型的侵害方式：

一是非法干涉，即无正当理由干涉他人对姓名的决定、使用、变更或者许可他人使用的权利，无正当理由干涉法人或者非法人组织对其名称的决定、使用、变更、转让或者许可他人使用的权利。例如，子女成年后，其父母没有正当理由不允许其变更姓名；养父母没有正当理由不允许养子女随其生父母的姓；等等。

二是盗用，即未经姓名权人、名称权人同意或者授权，擅自以姓名权人、名称权人的姓名或者名称实施有害于他人或者社会的行为。例如，打着经过某著名人士同意或者授权的幌子，以该著名人士的名义开办会所。这种侵害方式的核心是侵权人的行为让他人误以为姓名权人、名称权人同意或者授权侵权人以其名义从事民事活动，但并没有宣称其就是该姓名权人或者名称权人。

三是假冒，即侵权人假冒姓名权人或者名称权人之名进行活动，表现为民事主体从事民事活动时不用自己的姓名或者名称而使用他人姓名或者名称。实践中，已出现了不少假冒他人姓名或者名称的冒名顶替案。需要注意的是，实践中存在同名同姓的情况，这是国家法律法规允许的，仅仅因为登记的姓名与他人相同，不构成假冒侵权行为。但是，某民事主体的行为足以使他人误认或者混淆的，则有可能构成侵权。例如，某人与篮球界的姚明同名同姓，都叫"姚明"，若其在正常生活中使用"姚明"，不构成假冒，但若其对外宣称自己是篮球界的姚明，并以此从事各种民事活动，就很可能构成假冒侵权。

以上三种是实践中较为典型的侵害姓名权或者名称权的行为，但侵害姓名权或者名称权的行为不仅限于这三种，例如，将他人的姓名作为商品名称或者作为某一动物的名称等不正当使用姓名的行为。正是基于此，本条在非法干涉、盗用、假冒外加上了"等方式"。

> 第一千零一十五条 自然人应当随父姓或者母姓，但是有下列情形之一的，可以在父姓和母姓之外选取姓氏：
> （一）选取其他直系长辈血亲的姓氏；
> （二）因由法定扶养人以外的人扶养而选取扶养人姓氏；
> （三）有不违背公序良俗的其他正当理由。
> 少数民族自然人的姓氏可以遵从本民族的文化传统和风俗习惯。

❖ **条文主旨** ❖

本条是关于自然人姓氏选取规则的规定。

❖ **条文解读** ❖

关于子女姓氏如何选取的问题，1980年婚姻法规定，"子女可以随父姓，也可以随母姓"。2001年修改婚姻法时删去了该条中的"也"字。这是为了进一步贯彻男女平等和夫妻家庭地位平等的原则,避免因"也"字表达的语气对条文内容产生影响。关于姓名权,民法通则第99条第1款规定:"公民享有姓名权,有权决定、使用和依照规定改变自己的姓名,禁止他人干涉、盗用、假冒。"根据上述规定,公民有权决定自己的姓名,但改变姓名需要"依照规定"进行。

近年来,司法机关、有关行政部门和一些社会公众反映,民法通则和婚姻法的上述规定较为原则,对于公民能否在父姓和母姓之外选取姓氏,实践中有关部门和当事人存在理解不一致的情况;且相关法律制定较早,不能有效应对当前公民创姓、改姓等新情况、新问题。同时,鉴于姓氏选取问题不仅涉及现代社会的公民私权与国家公权、个人自由与社会秩序,还关乎中华民族的文化传统、伦理观念和社会主义核心价值观,问题重大,有必要作出专门的规定,以指导实践。为此,2014年十二届全国人大常委会十一次会议通过了《全国人民代表大会常务委员会关于〈中华人民共和国民法通则〉第九十九条第一款、〈中华人民共和国婚姻法〉第二十二条的解释》。该立法解释明确规定,公民原则上应当随父姓或者母姓。有下列情形之一的,可以在父姓和母姓之外选取姓氏:(1)选取其他直系长辈血亲的姓氏;(2)因由法定扶养人以外的人扶养而选取扶养人姓氏;(3)有不违反公序良俗的其他正当理由。少数民族公民的姓氏可以遵从本民族的文化传统和风俗习惯。该立法解释这样规定的主要理由是:首先,姓氏文化是中华传统文化的重要组成部分。中华文明源远流长,姓氏文化在中华五千多年连绵不断的文明史中占有重要地位。通过立法解释,明确公民原则上应当在父姓或者母姓中选取姓氏,对于维护中华民族的文化传统、伦理观念和社会主义核心价值观至关重要。其次,从婚姻法当初的立法本意看,婚姻法第22条的规定主要为了突出父母对子女姓氏决定权的平等，进一步体现男女平等和夫妻家庭地位平等的原则，不涉及公民是否可以在父姓、母姓之外选取其他姓氏的问题。最后，社会各方面普遍认为，子女承父姓、母姓在我国有深厚的传统文化伦理基础，社会普遍遵循。现实生活中，随意取姓的现象比较少见，老百姓一般也难以接受。姓氏选取不能毫无限制，应当依照规定。同时，鉴于社会生活和民事活动的复杂性以及各民族因历史文化传统、民族习惯和宗教信仰等体现的姓氏文化差异性，法律应当考虑一些公民在父姓和母姓之外选取姓氏的合理需求以及不同民族的风俗习惯，力求找到最佳平衡点，作出既符合多数人利益，又能兼顾少数人利益的解决方案，使法律规则既保持稳定性，又富有灵活性。从实践情况看，该立法解释自实施以来，较好地平衡了尊重自然人的自由决定或者变更姓名权利与尊重中国优秀传统文化以及伦理道德之间的关系，也得到了多数人的认同，有利于解决现实中的争议。基于此，本法完全继承和吸收了该立法解释的规定。

❖ **案例分析** ❖

原告"北雁云依"，女，2009年1月25日出生。其父母欲为其起名"北雁云依"，既不随父姓，也不随母姓。当地派出所拒绝以"北雁云依"为名办理其落户手续。"北雁云依"的父母遂向法院提起诉讼。法院审理认为：公民选取"第三姓"应有不违反公序良俗的正当理由。随意选取姓氏甚至恣意创造姓氏，会增加社会管理的风险性和不确定性，极易造成社会管理混乱，不利于社会和他人，有违公序。姓氏主要来源于客观上的承袭，承载了对血缘的传承、对先祖的敬重及对家庭的热爱，重视和尊崇姓氏的传承是我国优秀的文化传统，符合主流价值观念，是中华民族向心力、凝聚力的载体和镜像。

随意选取姓氏甚至自创姓氏，会冲击文化传统和伦理观念，违背社会善良风俗和一般道德要求，有违公序良俗原则。法院判决驳回了原告的诉讼请求，当事人未上诉。本案系"全国首例姓名权行政诉讼案"，案件的审理直接推动了全国人大常委会对相关问题进行立法解释的进程，意义重大。法院支持依法行政，通过司法审判保护了中国传统文化的传承与发展，对维护社会主义核心价值观，促进中华民族优良文化传统的传承与发展具有重大意义。

> 第一千零一十六条 自然人决定、变更姓名，或者法人、非法人组织决定、变更、转让名称的，应当依法向有关机关办理登记手续，但是法律另有规定的除外。
>
> 民事主体变更姓名、名称的，变更前实施的民事法律行为对其具有法律约束力。

❖ 条文主旨 ❖

本条是关于民事主体决定、变更姓名、名称或者转让自己名称应当遵守的法定程序以及产生的法律效力。

❖ 条文解读 ❖

根据本法第1012条、第1013条的规定，自然人有权决定、变更自己的姓名，法人或者非法人组织有权决定、变更或者转让自己的名称。这两条规定的姓名和名称都是指法定姓名或者名称，是自然人或者法人、非法人组织法定人格和身份的体现，对内对外都会产生一定的法律效果，因此其决定、变更等活动都必须依法进行。

自然人决定姓名关系到该自然人参与的社会经济生活的法律效果，特别是涉及从事的民事法律行为的效力问题，因此自然人决定姓名除了需要以有民事行为能力为前提外，还需要遵循法定的程序，办理法定的手续。根据户口登记条例第7条第1款的规定，婴儿出生后1个月以内，由户主、亲属、抚养人或者邻居向婴儿常住地户口登记机关申报出生登记。自然人在确定姓名后，可能出于各种原因而需要变更自己的姓名。但由于其已经使用原姓名进行了各种民事活动，参加了不同的民事法律关系，其改变自己的姓名必然会影响到他人的利益和社会公共利益，因此自然人变更姓名也必须遵守相关法律法规规定，遵循法定程序，不得擅自变更。根据户口登记条例的规定，公民变更自己的姓名必须到户口登记机关申请变更登记。当然这里的姓名指的是法定姓名（即正式姓名）的决定或者变更，并不包括本法第1017条规定的笔名、艺名等的决定或者变更，笔名、艺名等非法定姓名的决定或者变更并不需要进行登记。

考虑到法人或者非法人组织对社会的影响较大，任何一个国家都会对法人或者非法人组织进行管理。为了维护正常的社会秩序和健康的市场经济秩序，我国法律法规以及规章对法人、非法人组织的设定、变更或者转让也作了不少规定，设定了一定程序，特别是登记程序。原则上法人或者非法人组织变更自己的名称或者转让自己的名称权都需要进行变更或者转让登记。需要指出的是，根据我国相关法律法规的规定，并非所有法人或者非法人组织变更或者转让自己的名称都需要登记，例如，本法总则编规定的机关法人的决定或者变更就不需要办理登记手续。因此，本条特别规定"但是法律另有规定的除外"。

自然人的姓名，法人、非法人组织的名称，是民事主体的外在标识，姓名权人或者名称权人以其参与各种民事活动，为自己设定权利义务，对自己、对他人都有重大影响。自然人变更自己的姓名，法人、非法人变更自己的名称，都是其外在标识改变，其实质并没有发生改变，其权利义务的归属也不应发生改变，否则会对他人甚至社会公共利益产生重大影响。但是现实生活中，却不时发生债务人通过变更姓名或者名称的方式逃避债务的现象，损害了社会经济秩序。为了防止这种"新人不理旧账"的现象出现，保护原法律关系相对方的权益，本条第2款特别规定，民事主体变更姓名、名称的，变更前实施的民事法律行为对其具有法律约束力。

> 第一千零一十七条　具有一定社会知名度，被他人使用足以造成公众混淆的笔名、艺名、网名、译名、字号、姓名和名称的简称等，参照适用姓名权和名称权保护的有关规定。

❖ **条文主旨** ❖

本条是关于保护笔名、艺名、网名、字号等的规定。

❖ **条文解读** ❖

广义上的姓名和名称除了包括正式姓名和正式名称外，还包括姓名和名称的简称、笔名、艺名、网名、字号等。一些文学家、艺术家常常用笔名、艺名代替本名，这些笔名、艺名甚至比其本名更为社会和公众所熟知，例如，著名作家莫言的本名叫管谟业，莫言只是其笔名，但多数读者只知其笔名莫言，并不知道其本名。除笔名、艺名外，根据我国的传统，一些自然人还喜欢给自己起"字"或者"号"，例如，唐代大诗人李白，字太白，号青莲居士，现在仍有一些人继承了这一传统。随着现代网络社会的发展，不少自然人在网络世界里给自己起了网名，在网络世界里很多情况下网民之间只知道网名，并不知道其真实的本名。还有的外国人在中国，或者中国人在外国都会面临译名是否受保护的问题。对于法人或者非法人组织来说，也存在类似的情况，例如，在日常的民事活动中，除了使用在登记机关登记的正式名称外，有时也会使用名称的简称或者字号，例如，阿里巴巴（中国）网络技术有限公司是登记的名称，其简称为阿里巴巴或者阿里巴巴集团。在本法编纂过程中，对于是否保护姓名和名称简称、笔名、网名、艺名、译名、字号等有不同意见。经研究认为，姓名和名称的简称、笔名、网名、艺名、译名、字号等虽没有经过法定机关登记，不属于正式的姓名或者名称，但在不少情况下，这些姓名和名称的简称、笔名、网名、艺名、译名、字号等也能够起到确定和代表某一自然人或者法人、非法人组织的作用，能够体现民事主体的人格特征。这些姓名和名称的简称、笔名、网名、艺名、字号等若被他人滥用或者导致他人混淆，也会对该民事主体造成重大损害。因此，保护姓名和名称的简称、笔名、网名、艺名、译名、字号等，有利于更好地保护民事主体的人格利益。但是，姓名和名称的简称、笔名、网名、艺名、译名、字号等毕竟不是登记的正式姓名或者名称，并非任何姓名和名称简称、笔名、网名、艺名、字号等都应当受到保护，只有满足一定条件的姓名和名称的简称、笔名、艺名、网名、译名、字号等才受法律保护：一是具有一定社会知名度；二是被他人使用足以造成公众混淆的。基于此，本条规定，具有一定社会知名度，被他人使用足以造成公众混淆的笔名、艺名、网名、译名、字号、姓名和名称的简称等，参照适用姓名权和名称权保护的有关规定。

与对正式姓名或者名称的保护相比，对姓名和名称的简称、笔名、艺名、网名、字号等的保护既有相同点，也具有不同点。相同点：一是二者都不得违反法律、行政法规的强制性规定，不得违背公序良俗。二是任何组织或者个人都不得以非法干涉、盗用或者假冒等方式侵害。不同点：一是对正式姓名或者名称的保护，不需要具有一定社会知名度、被他人使用足以造成公众混淆等条件的限制，也就是说，自然人或者法人、非法人组织经过登记的正式姓名或者名称都受法律保护，任何组织或者个人都不得非法干涉、盗用或者假冒。对姓名和名称的简称、笔名、艺名、网名、字号等的保护，则需要受具有一定社会知名度、被他人使用足以造成公众混淆等条件的限制。二是自然人决定、变更正式姓名，法人或者非法人组织变更、转让名称，都需要登记；而自然人决定、变更自己的笔名、艺名、网名等，原则上不需要经过登记。正因为姓名和名称的简称、笔名、艺名、网名、译名、字号等，与正式姓名、名称有上述区别，对其的保护就不能完全依照正式姓名、名称的规则进行，所以本条规定，对姓名和名称的简称、笔名、艺名、网名、字号等的保护是"参照"适用姓名、名称的保护规定。

第四章 肖像权

本章共六条，对肖像的定义和肖像权的权能、禁止侵害肖像权、合理使用肖像权的情形、肖像许可使用合同、声音的保护等内容作了规定。

> 第一千零一十八条 自然人享有肖像权，有权依法制作、使用、公开或者许可他人使用自己的肖像。
> 肖像是通过影像、雕塑、绘画等方式在一定载体上所反映的特定自然人可以被识别的外部形象。

❖ 条文主旨 ❖

本条是关于肖像权的权能和肖像概念的规定。

第四章 肖像权

❖ **条文解读** ❖

肖像与姓名和名称一样，都是民事主体的外在表征，彰显民事主体的社会存在。从理论上划分，肖像权与姓名权和名称权也一样，都属于标表型人格权，是民事主体不可缺少的一种具体人格权。随着社会的发展和科学技术的进步，特别是手机摄影技术、传播技术和名人现象的发展，肖像越来越容易被获取，其具有的商业价值也越来越巨大（特别是公众人物的肖像就更是如此），肖像被他人以非法利用等手段进行侵害的情形越来越多，产生的纠纷也越来越多。因此，进一步加强对肖像权保护的立法也越来越迫切。近现代以来，不少国家和地区的法律对肖像权作了规定。我国自20世纪80年代开始就高度重视对肖像权的保护。民法通则第100条规定，公民享有肖像权，未经本人同意，不得以营利为目的使用公民的肖像。妇女权益保障法第42条第1款规定，妇女的名誉权、荣誉权、隐私权、肖像权等人格权受法律保护。侵权责任法和民法总则更是明确将肖像权作为一种重要的民事权利加以明确规定。根据司法实践的需要，最高人民法院还出台了一系列与肖像权保护有关的司法解释。为了更好地保护自然人的肖像权，人格权编在我国现有法律和司法解释的基础上，借鉴国外立法经验，专设本章对肖像权的内容和保护规则作了规定。

本条第1款规定，自然人享有肖像权，有权依法制作、使用、公开或者许可他人使用自己的肖像。根据该款规定，任何自然人都享有肖像权，肖像权的内容包括四个方面：

一是依法制作自己肖像的权能。制作肖像权能又称形象再现权能，即自然人有权自己或者许可他人通过造型艺术形式或者其他形式再现自己的外部形象。这项权能是肖像权的基本权能，也是其他权能的基础和前提。根据本条第2款的规定，肖像只有再现在一定载体上才具有法律意义。但是否制作自己的肖像是肖像权人的权利，肖像权人有权根据自己的需要或者他人的需要，自己或者许可他人通过影像、雕塑、绘画等方式制作自己的肖像，任何组织或者个人都不得干涉或者侵犯。这里需要注意两点：（1）本条只强调有权制作自己的肖像是肖像权人的权利，但如果该权利人从未制作过自己的肖像，只是表明其从未行使过这项权能，并不影响其享有这项权能，其在以后任何时候都可以行使这项权能。（2）根据本条第2款的规定，肖像需要以一定的物质载体体现出来，但肖像本身并不等同于该物质载体。

二是依法使用肖像的权能。肖像权人有权将自己的肖像用于任何合法的目的，这种目的既可以是精神上的愉悦，也可以是获得一定的财产利益。肖像权人使用肖像的方式可以是多样的，既可以用复制、展示的方式使用，也可以以销售的方式使用。需要强调的是，肖像权虽然是一种重要的具体人格权，但其肖像使用权能体现了一定的财产利益并可以与肖像权人相分离。根据本条的规定，他人利用肖像权人的肖像应当获得肖像权人的同意或者许可。

三是依法公开肖像的权能。肖像权人对于已经制作的肖像，可以自己对外公开或者许可他人公开，禁止他人擅自公开。例如，将自己拍摄或者他人拍摄的照片公开等。从实质上讲，公开肖像应当属于广义上的使用权能的内容。但是考虑到公开肖像这种形式对于肖像权人的重要性，肖像公开与否对肖像权人的影响是极大的，所以本条特别将其从广义上的使用权能中分离出来加以单独规定。

四是许可他人使用肖像的权能。正如前所述，肖像权人对于自己的肖像是否使用、如何使用享有完全的权利，其可以通过授权或者同意等方式许可他人使用自己的肖像。这是肖像权人对自己肖像的自主决定权的重要体现。这种许可使用可以是有偿的，也可以是无偿的。但其他人无论是有偿使用还是无偿使用，都必须经过肖像权人的许可同意，任何组织或者个人未经肖像权人的许可擅自使用其肖像都构成侵权。

何为肖像？这是规定肖像权的首要问题。在本法编纂过程中，各方对如何界定肖像，认识是不完全一致的。经研究认为，首先，肖像的范围不应限于自然人的面部特征。肖像是一个自然人形象的标志，除面部特征外，任何足以反映或者可以识别特定自然人的外部形象若不纳入肖像权的保护范围，都很有可能对该自然人的人格尊严造成威胁。肖像的范围过小，不利于保护肖像权的利益。例如，著名篮球运动员姚明的形象极具特色，其虽未露出面部，但整体形象具有极强的识别性，多数人不看其面部，就可以识别其是姚明；某一模特的手具有极强的识别性，很多人可识别出，则该模特的手部形象也可以纳入肖像的范围。其次，肖像是指通过一定载体所能够客观真实地反映出的自然人外部形象，这种载体可以是艺术作品，艺术作品是典型的形式，但并不限于艺术作品，任何可以反映自然人外部形象的物质手段都可以纳入这种载体，可以体现为图片、照片、绘画、雕塑等任何形式。最后，肖像应当具有较为清晰的可识别性。法律保护自然人肖像的目的是保护其外部形象不被他人混淆从而贬损或者滥用，因此，通过一定载体所呈现出的外部形象应当具有较为清晰的指向性和识别性，如果通过载体呈现出的外部形象无法指向或者识别出特定自然人则不应纳入肖像的范围。也就是说，肖像由自然人外部形象、外部形象载体和可识别性三个要件构成。基于此，本条第2款规定，本法所称肖像是通过影像、雕塑、绘画等方式在一定载体上所反映的特定自然人可以被识别的外部形象。

◆ 案例分析 ◆

2012年2月23日，迈克尔·乔丹向法院提起诉讼，指控乔丹体育股份有限公司（以下简称乔丹体育）侵犯其姓名权。2015年7月27日，北京市高级人民法院公布了二审判决书，判决书认为：迈克尔·乔丹要求撤销乔丹体育的争议商标的上诉理由依据不足，法院不予支持，乔丹体育的注册商标不会被撤销。判决驳回上诉，维持原判，并宣布本判决为终审判决。2016年4月26日上午，最高人民法院公开开庭审理再审申请人迈克尔·乔丹与被申请人国家工商行政管理总局商标评审委员会、一审第三人乔丹体育股份有限公司10件商标争议行政纠纷系列案件，庭上各方就"乔丹"商标是否侵权的问题持续辩论逾4小时。2016年12月8日，最高人民法院认为，乔丹公司对争议商标"乔丹"的注册损害了迈克尔·乔丹在先的姓名权，违反商标法的有关规定，撤销一、二审判决，判令商标评审委员会重新裁定。

> 第一千零一十九条　任何组织或者个人不得以丑化、污损，或者利用信息技术手段伪造等方式侵害他人的肖像权。未经肖像权人同意，不得制作、使用、公开肖像权人的肖像，但是法律另有规定的除外。
>
> 未经肖像权人同意，肖像作品权利人不得以发表、复制、发行、出租、展览等方式使用或者公开肖像权人的肖像。

◆ 条文主旨 ◆

本条是关于禁止任何组织或个人侵犯他人肖像权的规定。

第四章 肖像权

❖ **条文解读** ❖

肖像权作为自然人享有的一种重要人格权，其具有人格权共有的绝对性、专属性、排他性等特征，肖像权人对其肖像既享有依法制作、使用、公开或者许可他人使用的权利，也享有排除他人侵害的权利。任何组织或者个人都不得以任何形式侵害肖像权人的肖像权。本条从三个方面对禁止任何组织或者个人侵犯他人肖像权的情形作了规定：

一是明确规定，任何组织或者个人不得以丑化、污损，或者利用信息技术手段伪造等方式侵害他人的肖像权。肖像权涉及肖像权人的人格尊严，是具有极强精神属性的权利，以丑化、污损，或者利用信息技术手段伪造等方式侵害他人的肖像权，都有可能对肖像权人的精神造成严重损害，必须禁止。这里的"丑化"指通过艺术加工或者改造的方法，对他人的肖像加以歪曲、诬蔑、贬低，例如，在他人的肖像上画上胡须等；"污损"是指将他人的肖像损害且搞脏，例如，往他人的照片上泼墨水或者焚烧、撕扯他人的照片等行为；"利用信息技术手段伪造"是指利用信息技术手段编造或者捏造他人肖像，以假乱真，以达到利用不存在的事物来谋取非法利益，例如，利用现在的人工智能技术将他人的肖像深度伪造到特定场景中或者移花接木到其他人的身体上以达到非法目的。本规定只列举了比较典型的、有可能会对肖像权人造成严重后果的几种侵害肖像权的情形，但现实生活中侵害肖像权的形式多种多样，远不止这几种，例如，倒挂他人的照片等。

二是明确规定，未经肖像权人同意，不得制作、使用、公开肖像权人的肖像，但是法律另有规定的除外。根据本法第1018条的规定，自然人享有肖像权，有权依法制作、使用、公开或者许可他人使用自己的肖像。也就是说，制作、使用、公开肖像是肖像权人的专属性权利，其他任何组织或者个人未经肖像权人的同意都不得擅自制作、使用、公开他人肖像。在立法过程中，有的意见提出，某一组织或者个人制作、使用、公开他人肖像，虽未经肖像权人同意，但并没有丑化、污损，或者利用信息技术手段伪造他人的肖像，因此，不构成侵害他人肖像。这种观点是不正确的。根据本条的规定，除了法律另有规定外，制作、使用、公开他人肖像都必须经过权利人同意。即使是经过肖像权人的同意，可以制作、使用、公开其肖像，但是构成丑化、污损，或者利用信息技术手段伪造肖像等情形的，同样构成侵害他人肖像权，也是本法所不允许的。本条还规定，在法律另有规定的情况，可以不经肖像权人同意，制作、使用、公开肖像权人的肖像。本条中的"法律另有规定"主要是指本法第1020条规定的几种可以合理使用的情形。

三是明确规定，未经肖像权人同意，肖像作品权利人不得以发表、复制、发行、出租、展览等方式使用或者公开肖像权人的肖像。正如前所述，肖像权人的肖像往往都是通过一定的载体表现出来的，这种载体在多数情况下构成艺术作品，例如，为他人拍摄的艺术照，为模特画的艺术像等。从著作权的角度看，这些艺术作品也都构成著作权法上的作品。在现实生活中，这些作品的权利人有时与肖像权人是合一的，但有时却是不同的民事主体。若肖像权人与作品权利人并非同一主体时，作品权利人虽享有作品的著作权，但未经肖像权人同意，也不得以发表、复制、发行、出租、展览等方式使用或者公开肖像权人的肖像。这样规定，既强化了对肖像权的保护，也明确了肖像权与肖像作品著作权的关系。

◆ **案例分析** ◆

梁某父母曾经与梁某一同前往新津县的青青农场游玩，梁某母亲将当时拍摄的一组梁某玩耍的照片传至微信朋友圈。之后，某报社未经梁某及其法定监护人的许可，将其中一张有梁某肖像的照片刊登于某报纸的栏目中。梁某认为，某报社未经其同意，擅自将其肖像用于具有经营性质的宣传活动中，侵犯了其本人的肖像权，将某报社和某学前教育研究有限公司诉至法院。成都市金牛区人民法院经审理认为：公民依法享有肖像权，未经本人同意，不得以营利为目的使用公民的肖像。报社未经梁某及其法定监护人同意擅自使用其肖像，同时配以商业活动的宣传语以及咨询报名电话，属于商业营利性质的宣传活动。因此，报社侵犯了梁某的肖像权，应当承担侵权责任并赔偿损失。对于梁某要求被告赔偿肖像权使用费的请求，法院认为，报社侵犯梁某的肖像权，应当赔偿损失。对于梁某要求被告赔偿精神损失费的请求，法院认为，报社的栏目主要针对未成年人家庭，受众面特定，发行量相对较小，此次使用梁某肖像的行为，无证据证明给梁某名誉等造成不良影响，更不能证明对其造成严重精神损害，故不予支持。但报社应当对擅自使用梁某肖像的行为向其书面道歉。

> **第一千零二十条** 合理实施下列行为的，可以不经肖像权人同意：
>
> （一）为个人学习、艺术欣赏、课堂教学或者科学研究，在必要范围内使用肖像权人已经公开的肖像；
>
> （二）为实施新闻报道，不可避免地制作、使用、公开肖像权人的肖像；
>
> （三）为依法履行职责，国家机关在必要范围内制作、使用、公开肖像权人的肖像；
>
> （四）为展示特定公共环境，不可避免地制作、使用、公开肖像权人的肖像；

> （五）为维护公共利益或者肖像权人合法权益，制作、使用、公开肖像权人的肖像的其他行为。

❖ 条文主旨 ❖

本条是关于合理使用肖像的情形的规定。

❖ 条文解读 ❖

肖像权同其他民事权利一样，并非绝对的权利。肖像不仅对本人意义重大，对他人甚至对全社会都具有重大价值，一些正常的社会活动都离不开对他人肖像的合理使用，如果任何制作、使用、公开肖像的行为都需要经过权利人同意，会给正常的社会活动带来影响，甚至影响到社会公共利益。因此，法律应当在保护个人肖像权和保护社会公共利益间进行平衡和协调。本法在加强对肖像权保护的同时，也规定了肖像权保护的例外情形。在这些例外情形下，制作、使用、公开肖像权人的肖像并不会构成侵权。这些例外情形除了本法总则编民事责任一章和侵权责任编规定的正当防卫①、紧急避险②、自助行为③、不可抗力④、当事人同意等一般的免责事由外，还有本条规定的几类特殊免责事由，也可以说是合理使用情形。规定

---

① 正当防卫：指对正在进行不法侵害行为的人，而采取的制止不法侵害的行为，对不法侵害人造成一定限度损害的，属于正当防卫。
② 紧急避险：指为了使公共利益、本人或者他人的人身和其他权利免受正在发生的危险，不得已而采取的损害较小的另一方的合法利益，以保护较大的合法权益的行为。
③ 自助行为：指权利人受到不法侵害之后，为保全或者恢复自己的权利，在情势紧迫而不能及时请求国家机关予以救助的情况下，依靠自己的力量，对他人的财产或自由施加扣押、拘束或其他相应措施的行为。
④ 不可抗力：不能预见、不能避免和不能克服的客观情况。

这几类合理使用情形，既是基于肖像权人本身利益的需要，也是基于保护社会公共利益的需要。根据本条的规定，实施以下几种行为的，不需要肖像权人的同意：

一是为个人学习、艺术欣赏、课堂教学或者科学研究，在必要范围内使用肖像权人已经公开的肖像。为了个人学习、艺术欣赏的目的使用他人已经公开的肖像，是个人从事的正常社会活动，且这种使用并不会对权利人的肖像权造成损害。若不允许民事主体在个人学习、艺术欣赏时使用他人已经公开的肖像，必然对个体的自由造成严重的妨碍，对于提升个人的文化修养水平也是很不利的。同理，课堂教学和科学研究对于促进社会进步和文化发展具有重大意义，特别是对于将我国建设成为一个文化强国、科技强国更是必不可少的。因此，为了课堂教学和科学研究合理使用他人的肖像是基于社会公共利益对肖像权所作的合理限制。例如，为了课堂教学的需要，在课堂上使用了某一著名科学家的肖像；为了科学研究的需要，对某一特定群体进行摄影录像。但是，需要强调的是，即便为个人学习、艺术欣赏、课堂教学或者科学研究目的使用肖像权人的肖像，也不得滥用。例如，不得以科学研究为幌子，对肖像权人的生活造成严重影响；更不得以从事艺术欣赏为名，将他人的肖像用于营利目的。基于此，本条第1项明确规定了两个限制条件：（1）为个人学习、艺术欣赏、课堂教学或者科学研究，只能在必要范围内使用他人肖像，超出必要范围使用的，也造成侵权。（2）为个人学习、艺术欣赏、课堂教学或者科学研究，只能使用他人已经公开的肖像；权利人尚未公开的肖像，即使使用人是出于个人学习、艺术欣赏、课堂教学或者科学研究的目的，且在必要范围内使用，也是不允许的。

二是为实施新闻报道，不可避免地制作、使用、公开肖像权人的肖像。实施新闻报道是对新近发生的客观事实进行报道和传播。新闻报道的主要功能是报道新闻信息、反映和引导舆论，具有极强的社会公共利益性质，是一个社会文明发展和进步所必不可少的。基于此，本法第999条规定，为公共利益实施新闻报道、舆论监督等行为的，可以合理使用民事主体的姓名、名称、肖像、个人信息等；使用不合理侵害民事主体人格权的，应当承担民事责任。本项规定实际上是对该条规定的进一步落实和细化。从法理上讲，新闻报道的一般都是集会、庆典等公开性的活动和事件，而这些活动和事件一般都具有较强的新闻价值，自然人参加这些活动或者参与到这些事件中，就应当意识到这些活动或者事件有可能被记载或者被公开报道，就意味着在一定程度上自愿处分了自己的肖像权，是用行为体现的一种默示同意，因此，这种新闻报道从本质上讲也没有违背肖像权人的真实意愿。当然，在现实中也存在肖像权人在公开场合被新闻报道"被动入镜"的情形，可能肖像权人本身并不愿意入镜，更不愿意被报道，但考虑到新闻报道本身的及时性和真实性，更为了社会公共利益的考虑，新闻报道者也可以不经肖像权人同意而制作、使用、公开肖像权人的肖像。这是多数国家和地区的普遍做法。但是因新闻报道而制作、使用、公开肖像权人的肖像，必须是不可避免的，或者在新闻报道中完全可以避免使用、公开他人的肖像，就应当避免使用、公开他人的肖像，否则也有可能构成侵犯他人的肖像权。

三是为依法履行职责，国家机关在必要范围内制作、使用、公开肖像权人的肖像。国家机关依法履行职责属于行使公权力，履行公权力要么是为了维护社会秩序，要么是为了保护公众安全，要么是为了维护其他国家利益和社会公共利益，例如，为了调查具有高度传染性的传染病患者、通缉罪犯等行为而使用肖像。为了维护国家利益和社会公共利益，国家机关在依法履行职责的过程中,可以在必要范围内制作、使用、公开肖像权人的肖像。但是,国家机关也不得滥用这种权力,对肖像权的使用应当符合行政行为的比例原则。本项明确规定了两个限制条件:(1)国家机关必须是在依法履行职责时,若履行职责没有明确的法律依据,则不得制作、使用、公开肖像权人的肖像。(2)国家机关必须在必要范围内制作、使用、公开肖像权人的肖像,超出必要范围的,即使是依法履行职责,也构成对肖像权的侵犯。

四是为展示特定公共环境,不可避免地制作、使用、公开肖像权人的肖像。这种合理使用的情形较为特殊,但也是民事主体进行社会活动所必不可少的。这种情形要取得肖像权人的同意才可以制作、使用、公开其肖像,是不可行的,否则将限制人们的行动自由。例如,将某人在公共场所实施不文明的行为拍摄下来;某人在一个公开场所(如景点)照相时,刚好另一游客闯入其镜头;游客拍摄某一著名旅游景点的景色时,就有可能将一些游客摄入其中。这些情形都是为了展示特定公共环境,不可避免地制作、使用了肖像权人的肖像。但是,这种合理使用也有严格的条件限制。根据本条的规定:第一,制作、使用、公开肖像权人的肖像的目的是展示特定的公共环境。第二,即使是为了展示特定公共环境,也必须是"不可避免"地制作、使用、公开肖像权人的肖像,若在展示特定公共环境中可以避免制作、使用、公开肖像权人的肖像,则不构成合理使用。

五是为维护公共利益或者肖像权人的合法权益,制作、使用、公开肖像权人的肖像的其他行为。本项规定实际上是一个兜底条款。因为在现实中,涉及公共利益和肖像权人本人利益的事项有可能不限于前四种情形。例如,对先进人物的照片进行展览;当事人在诉讼过程中,确有必要为主张自己的权利或者证明案件的事实，而在举证中使用、公开他人的肖像；为了寻找下落不明的人而在寻人启事上使用其肖像；等等。本项规定为司法实践的发展留出了一定的空间。但需要特别强调的是，本项规定并不等于法院可以随意自由裁量，法院更不得滥用本项规定或者将本项规定泛化。根据本条规定，要适用本项规定的情形，应当符合以下条件：第一，必须是为了公共利益或者为了肖像权人本人的利益。第二，必须是在必要范围内使用、公开，例如，寻人启事上的肖像只得用于寻人之用，不得用于商业促销。

最后，还需要强调的是，即使构成本条规定的五种情形之一，也必须合理实施制作、使用、公开他人肖像的行为。因此，本条开宗明义就规定，合理实施下列行为的，才可以不经肖像权人同意。

> **第一千零二十一条** 当事人对肖像许可使用合同中关于肖像使用条款的理解有争议的，应当作出有利于肖像权人的解释。
>
> **第一千零二十二条** 当事人对肖像许可使用期限没有约定或者约定不明确的，任何一方当事人可以随时解除肖像许可使用合同，但是应当在合理期限之前通知对方。
>
> 当事人对肖像许可使用期限有明确约定，肖像权人有正当理由的，可以解除肖像许可使用合同，但是应当在合理期限之前通知对方。因解除合同造成对方损失的，除不可归责于肖像权人的事由外，应当赔偿损失。

❖ **条文主旨** ❖

这两条是关于肖像许可使用合同的规定。

第四章 肖像权

❖ **条文解读** ❖

前述两条规定的是肖像许可使用合同,但实际上都涉及对肖像的经济利用问题。在本法编纂过程中,对是否允许权利人许可他人对肖像权、姓名权、名称权等标表型人格权①进行经济利用,有不同意见。有的意见认为,人格权不可以被经济利用,否则是对人格权保护的矮化。另一种意见则认为,对肖像权、姓名权、名称权等标表型人格权进行经济利用是现实发展的需要,也是新型人格权发展的需要,规定这些内容恰恰是为了更好地规范这个问题。本法采纳了第二种观点,之所以采纳第二种观点,主要基于以下几点考虑:一是现实的需要。实践中不少自然人特别是名人都在许可他人使用自己的肖像,例如,商家将明星的肖像用于广告促销,这不但产生了巨大的经济价值,而且这种使用也不违背公序良俗。二是立法的延续和传承。2009年通过的侵权责任法第20条就明确规定,侵害他人人身权益造成财产损失的,按照被侵权人因此受到的损失赔偿;被侵权人的损失难以确定,侵权人因此获得利益的,按照其获得的利益赔偿;侵权人因此获得的利益难以确定,被侵权人和侵权人就赔偿数额协商不一致,向人民法院提起诉讼的,由人民法院根据实际情况确定赔偿数额。该规定实际上明确认可了肖像权等标表型人格权可以被许可使用产生经济收益。三是借鉴了国外的经验。近现代以来,无论是英美法系还是大陆法系,基本上认可对肖像进行经济利用。大陆法系国家和地区采取了人格利益商品化的方法;英美法系中的美国则采用了

---

① 标表型人格权:以权利主体的外在表征为内容,而且可以被商品化利用的人格权,传统的认为包含姓名权以及肖像权等。

"公开权①"的模式认可了对肖像的经济利用。基于此，本法第993条规定，民事主体可以将自己的姓名、名称、肖像等许可他人使用，但是依照法律规定或者根据其性质不得许可的除外。本法第1018条第1款也明确规定，自然人享有肖像权，有权依法制作、使用、公开或者许可他人使用自己的肖像。肖像权人可以许可他人使用自己的肖像，是指肖像权这种人格权可以附带产生经济利益，并没有改变肖像权的人格权基本性质。本章关于肖像权许可合同的这两条规定就是建立在这个基础之上的。需要特别注意的是，许可使用合同中的"许可"，是许可他人在商品、商标或者服务等上面使用肖像，不包括以区别于他人的目的正当使用肖像。

肖像许可使用合同是肖像权人许可他人使用自己肖像的最为典型的同意方式，是指肖像权人与他人通过签订合同的方式约定他人在特定期限、特定范围以特定方式使用自己的肖像。这种合同可以是有偿的，也可以是无偿的。肖像许可使用合同作为一种合同，与本法合同编规定的其他合同具有不少共同点，也需要适用总则编和合同编规定的一些基本原则和基本规则，如合同自愿原则、公序良俗原则、诚信原则、民事法律行为无效情形等。例如，根据本法第153条第2款的规定，违背公序良俗的民事法律行为无效。权利人如果签订合同许可他人将其肖像制成色情图片或者视频予以销售，则这种合同因违反公序良俗，应当无效。但是，与一般的合同相比，肖像权许可使用合同又具有一些特殊的地方，最为特殊的地方就是这种合同涉及肖像权人的人格利益。因此，在许可使用中，就会涉及人格利益和财产利益的冲突，尤其在许可使用合同的解释、解除等问题上，合同编的既有体系无法完全容纳这些内容，人格

---

① 公开权：指个人对其形象、肖像和姓名等人格标识得以支配而在商业化活动中使用的权利，是一种公开私人信息的权利。

第四章 肖像权

权编有必要对此作出特殊规定，以更好地平衡人格利益和财产利益的冲突，加强对人格利益的保护。前述两条规定就是关于肖像许可使用合同特殊规则的规定。根据本法第1021条的规定，当事人对肖像许可使用合同中关于肖像使用条款的理解有争议的，应当作出有利于肖像权人的解释。这与一般合同的解释规则是不同的。根据本法第466条的规定，当事人对合同条款的理解有争议的，应当按照所使用的词句，结合相关条款、行为的性质和目的、习惯以及诚信原则，确定争议条款的含义。而根据本法第1021条的规定，对肖像许可使用条款的理解产生争议的，则不需要考虑本法第466条所规定的因素，原则上应当直接作出有利于肖像权人的解释，除非这种解释严重不公平。之所以这样规定，是为了加强对肖像权的保护。本条中规定的"关于肖像使用条款的理解有争议"是指因合同条款的内容模糊不清等原因导致双方理解不一、发生争议的情况，但不包括本法第1022条第1款规定的情形。根据本法第1022条第1款的规定，当事人对肖像许可使用期限没有约定或者约定不明确的，任何一方当事人可以随时解除肖像许可使用合同，但是应当在合理期限之前通知对方。

本法第1022条针对肖像许可使用合同的使用期限问题作了特别规定。根据该条第1款的规定，当事人对肖像许可使用期限没有约定或者约定不明确的，任何一方当事人可以随时解除肖像许可使用合同，但是应当在合理期限之前通知对方。这实际上赋予了双方当事人在肖像许可使用合同对许可使用期限没有约定或者约定不明确的情况下任意解除合同的权利，但任何一方当事人行使这种任意解除权，应当在合理期限之前通知对方当事人，至于"合理期限"有多长，应当根据个案处理。这与一般合同的期限约定不明或者没有约定的情况下的处理规则不完全相同。根据本法第510条、第511条的规定，一般合同生效后,当事人就合同内容没有约定或者约定不明确的,可以协议补充;不能达成补充协议的,按照合同相关条款或者交易习惯确定。仍不能确定履行期限的,债务人可以随时履行,债权人也可以随时请求履行,但是应当给对方必要的准备时间。当然,本条只是赋予了双方当事人在没有约定期限或者约定不明的情况下享有任意解除权,但双方当事人并非一定要解除合同,若愿意放弃这种权利,继续履行合同的,仍可以依据本法第 510 条、第 511 条的规定对合同进行补充。

根据本法第 1022 条第 2 款的规定,当事人对肖像许可使用期限有明确约定,肖像权人有正当理由的,可以解除肖像许可使用合同。这实际上赋予了肖像权人在即使许可使用期限约定明确的情况下,也可以享有单方解除肖像许可使用合同的权利。赋予肖像权人单方解除权也是为了更好地保护肖像权人的人格利益。但肖像权人行使这种单方解除权是有条件限制的:一是要有正当理由,这种正当理由可以是本法合同编第 563 条规定的情形,也可以是第 563 条规定情形之外的其他正当理由,例如,被许可使用人的违约行为即使不构成第 563 条所需要的重大违约,只是一般违约,肖像权人也可以单方解除合同。二是肖像权人行使单方解除权应当在合理期限之前通知对方,以让对方当事人有一定的准备和缓冲时间。三是肖像权人因解除合同造成对方损失的,除不可归责于肖像权人的事由外,应当赔偿损失。

> **第一千零二十三条** 对姓名等的许可使用,参照适用肖像许可使用的有关规定。
>
> 对自然人声音的保护,参照适用肖像权保护的有关规定。

第四章 肖像权

❖ **条文主旨** ❖

本条是关于姓名的许可使用和对声音保护的规定。

❖ **条文解读** ❖

姓名、名称与肖像一样都是民事主体的外在标识和特征,从理论上讲,都属于标表型人格权。这些标表型人格权的客体都具有一定的经济价值,可以被许可使用。近现代的不少国家和地区基本上允许这几种标表型人格权的客体被许可使用。根据本法第993条的规定,民事主体可以将自己的姓名、名称、肖像等许可他人使用,但是依照法律规定或者根据其性质不得许可的除外。本法第1012条、第1013条更是明确规定,自然人有权依法许可他人使用自己的姓名;法人、非法人组织有权依法许可他人使用自己的名称。本编第三章"姓名权和名称权"并没有对姓名、名称被许可使用的规则作出具体规定,考虑到姓名、名称与肖像被许可使用的相似性,所以本条第1款规定,对姓名等的许可使用,参照适用肖像许可使用的有关规定。之所以在"姓名"后加个"等",主要是考虑到还有名称等也可以被许可使用;之所以规定"参照"适用肖像许可使用的有关规定,而非直接适用肖像许可使用的有关规定,主要是考虑到姓名、名称与肖像虽都可以被许可使用,但毕竟是不同的人格权,还存在不同之处。例如,姓名具有较强的伦理和身份性,但肖像却不具有这些特征,因此,还不能完全适用肖像许可使用的相关规定,只能"参照"适用。从本章的规定看,姓名等的许可使用,可以参照适用的肖像许可使用规则主要是指本法第1021条和第1022条的规定。

在本编的编纂过程中,对于是否将肖像权的保护延伸到对声音的保护有不同意见。有的认为,声音的识别性不是很明显，还不足以构成一种具体人格权的客体，不宜将肖像权的保护延伸到声音上，否则容易被滥用，对他人的行动自由和表达自由产生影响。但不少意见认为，声音表示一个自然人的人格特征，特别是对于一些声音特殊的配音演员、播音员等自然人来说，声音更是彰显了其人格特征，如播音员赵忠祥、评书表演艺术家单田芳的声音等。对这些具有一定识别性的声音若不加以保护，就有可能对该自然人的人格尊严造成损害。经研究认为，声音虽还不足以构成一种具体的人格权，但若对声音一概不予保护，任由他人随意复制、模仿、伪造特定自然人的声音，确有可能对该自然人的人格尊严造成较大的损害，特别是随着人工智能技术和大数据技术的发展，利用信息技术手段"深度伪造"他人声音的情形不但会严重损害该自然人的人格尊严，而且具有极大的社会危害性。基于此，本条第 2 款规定，对自然人声音的保护，参照适用肖像权保护的有关规定。根据该规定，对自然人的声音应当加以保护，但受到保护的声音应当足以识别到特定自然人，且考虑到声音毕竟还不能构成一种具体人格权，所以只能参照适用肖像的保护规则，不能完全适用肖像的保护规则。单纯模仿他人的声音并不构成侵权，例如，现在不少电视节目举办的声音"模仿秀"原则上就不构成侵权，不宜适用肖像的保护规则，否则会对一般人的行为自由和表达意愿带来严重的限制。但是，若以侮辱性或者其他违背公序良俗的方式模仿或者伪造他人的声音的，则可以适用肖像权保护的相关规定，予以禁止。

第五章 名誉权和荣誉权

本章共八条，对名誉的定义、如何处理好新闻报道与名誉权保护的关系、判断新闻媒体是否履行核实义务应当考虑的因素、作品真实性例外规则、名誉权人的更正请求权、信用评价、荣誉权的保护等内容作了规定。

> 第一千零二十四条 民事主体享有名誉权。任何组织或者个人不得以侮辱、诽谤等方式侵害他人的名誉权。
> 名誉是对民事主体的品德、声望、才能、信用等的社会评价。

❖ **条文主旨** ❖

本条是关于名誉权的内容及名誉定义的规定。

❖ **条文解读** ❖

名誉权是民事主体所享有的一种重要人格权，其关系到一个民事主体在社会经济生活中所处的地位以及应受到的信赖和受到尊重的程度，是民事主体进行民事活动，乃至其他社会活动的基本条件。对于自然人而言，名誉权更是关乎其人格尊严；对于法人、非法人组织而言，名誉权关乎其社会信誉，这种信誉是法人、非法人组织在比较长的时间内，通过各种活动逐步形成的。特别是企业法人、非法人组织的名誉，反映了社会对它在生产经营等方面表现的总的评价，往往会对其生产经营和经济效益产生重大影响。因此，对于民事主体而言，名誉权的地位极为重要。自改革开放以来，我国就相当重视名誉权的保护，宪法第38条规定，中华人民共和国公民的人格尊严不受侵犯。禁止用任何方法对公民进行侮辱、诽谤和诬告陷害。这为保护名誉权提供了宪法依据。民法通则第101条规定，公民、法人享有名誉权，公民的人格尊严受到法律保护，禁止用侮辱、诽谤等方式损害公民、法人的名誉。2009年的侵权责任法第2条更是强调了名誉权作为一种重要民事权利的地位。2017年的民法总则第110条则明确了名誉权的人格权地位。此外，我国还有不少的单行法律对名誉权的保护作了规定，例如，根据妇女权益保障法第42条规定，妇女的名誉权等人格权受法律保护。禁止用侮辱、诽谤等方式损害妇女的人格尊严。本条第1款在吸收和借鉴我国现行法律规定以及借鉴国外立法经验的基础上，明确规定民事主体享有名誉权。任何组织或者个人不得以侮辱、诽谤等方式侵害他人的名誉权。

实践中，侵害名誉权的行为主要表现为侮辱、诽谤行为。侮辱行为是指公然以暴力、谩骂等方式公开贬损他人名誉的行为。侮辱行为既包括行为方式，例如，强令受害人吃自己的粪便；也包括语言方式，例如，以口头语言对他人进行嘲笑；还包括文字方式，例如，以文字或者图画形式辱骂他人。诽谤行为是指以散布捏造或者夸大的事实故意损害他人名誉的行为。诽谤既可以是口头诽谤，也可以是文字诽谤。侮辱、诽谤是比较典型且较恶劣的侵害名誉权的行为，但实践中侵害名誉权的行为并不限于这两种，例如，过失地误将他人视为罪犯并将该信息予以公开等。基于此，本条第1款规定，任何组织或者个人不得以侮辱、诽谤等方式侵害他人的名誉权。在判断某一行为是否构成侵害名誉权时，需要注意几点：一是受害人的社会评价是否降低。没有受害人社会评价的降低就不存在名誉权受损害的问题。受害人社会评价是否降低应当以社会一般人的评价为标准进行判断，不能仅以受害人自己的主观感受为标准。本条所强调的"任何组织或者个人不得以侮辱、诽谤等方式侵害他人的名誉权"，其目的就是保护自然人的名誉不受他人贬损，社会评价不被降低。只有当其社会评价降低时才能通过名誉权制度获得救济。二是如果行为人发布的信息或者所作的陈述真实客观，且没有包含侮辱性的内容，即使受害人认为自己的名誉受到了损害，也不构成名誉权侵权。三是行为人侵害他人名誉权的行为需要受害人以外的人知悉。正如本条第 2 款所规定，名誉是对民事主体的社会评价，也就是社会公众对民事主体的评价。如果行为人的侵害行为没有被受害人以外的人所知悉，其社会评价就不存在降低或者受损的问题，自然也就不存在名誉权受损害的问题。需要注意的是，传播了虚假的事实，造成受害人的社会评价降低是构成名誉权侵权必须具备的两个要件。否则，虽然传播了虚假事实，并未因此导致社会评价降低的，不构成侵害名誉权的侵权行为。四是行为人的行为具有过错。名誉权侵权属于一般侵权行为，因此，行为人的过错也是其侵权的构成要件，这种过错既表现为故意，也表现为过失。最后，需要强调的是，在判断是否构成名誉权侵权以及承担损害赔偿责任的程度时，除了要考虑前述要件外，还需要考虑多种因素。根据本法第 998 条的规定，认定行为人承担侵害除生命权、身体权和健康权外的人格权的民事责任，应当考虑行为人和受害人的职业、影响范围、过错程度，以及行为的目的、方式、后果等因素。如果行为人采取了较为恶劣的方式，例如，暴力侮辱等方式，构成名誉权侵权的可能性就更大。再如，行为人检举、控告，导致他人名誉贬损的，一般不构成侵害名誉权，但是借检举、控告之名侮辱、诽谤他人，造成他人名誉贬损的，可能会构成侵害名誉权。

确定名誉的内涵是保护名誉权的前提和基础。本条第 2 款明确规定，名誉是对民事主体的品德、声望、才能、信用等的社会评价。根据本款规定，自然人的名誉感是一种内心的主观感受，不属于社会评价，不纳入名誉权的保护范围。如果自然人认为自己的名誉感受到了他人的侵害，且有证据证明他人的行为有过错、过错行为与自己名誉感受损之间存在因果关系的，可以以自己的人格尊严受到侵害为由，要求对方承担民事责任。

> 第一千零二十五条 行为人为公共利益实施新闻报道、舆论监督等行为，影响他人名誉的，不承担民事责任，但是有下列情形之一的除外：
> （一）捏造、歪曲事实；
> （二）对他人提供的严重失实内容未尽到合理核实义务；
> （三）使用侮辱性言辞等贬损他人名誉。

❖ **条文主旨** ❖

本条是关于如何处理好实施新闻报道、舆论监督等行为与保护名誉权关系问题的规定。

❖ **条文解读** ❖

新闻报道是指报纸、刊物、广播、电视等大众传媒及时将新闻事实予以公开和传播的行为，其是新闻单位对新近发生的事实的报道，这些事实包括有关政治、经济、军事、外交等社会公共事务以及有关社会突发事件。舆论监督是指社会公众运用各种传播媒介对社会运行过程中出现的现象表达信念、意见和态度，对各种违法违纪行为所进行的揭露、报道、评论或者抨击的行为。实施新闻报道、舆论监督等行为，是保障媒体监督权、公民知情权和维护社会公平正义的重要手段和方式，对于公民参政议政、推进我国的民主法治建设以及推进国家治理体系和治理能力现代化具有重要意义。现代社会和现代国家均强调新闻报道、舆论监督的重要性，并从立法的角度加以保障。我国宪法也对此作了明确规定，根据宪法第 35 条规定，中华人民共和国公民有言论、出版等自由。根据宪法第 41 条规定，公民对于国家机关及其工作人员有批评监督权。但是，行为人在实施新闻报道、舆论监督等行为时，常常不可避免地会影响到他人的名誉。在人格权编的立法中，特别是在本章的立法中，如何处理好实施新闻报道、舆论监督等行为与保护名誉权的关系是一个重点难点问题。经过反复研究，本条规定，行为人为公共利益实施新闻报道、舆论监督等行为，影响他人名誉的，不承担民事责任。也就是说，行为人实施新闻报道、舆论监督等行为，影响他人名誉的，原则上不承担民事责任。之所以这样规定，主要考虑是：新闻报道涉及社会公共利益，关系到党和国家新闻事业、新闻媒体社会责任以及新闻工作者的权利，关系到言论自由等宪法权利，还关系到人民的知情权，并且新闻报道具有激浊扬清、针砭时弊等非常重要的社会功能。国家对新闻报道的要求、法律对新闻报道的要求，就是内容的真实性和客观性。党和国家一向强调，要把党内监督、法律监督和群众监督结合起来，发挥舆论监督的作用。因此，对新闻报道、舆论监督侵害名誉权案件，不能按照一般的侵权案件处理，除了应当在权衡加害人与被害人的权益之外，还须特别考虑到新闻报道、舆论监督等行为是促进和保护公共利益的行为，对于维护一个社会的公平正义，保障公民知情权必不可少，若动辄让从事新闻报道、舆论监督等行为的行为人承担民事责任，有可能产生"寒蝉效应"，对国家和社会的发展和进步是极为不利的。

需要特别强调的是，本条虽对实施新闻报道、舆论监督等行为规定了特别保护条款，但是实施新闻报道、舆论监督等行为并非在任何情况下都不承担民事责任。根据本条的规定，有下列情形之一的，实施新闻报道、舆论监督等行为的行为人仍应当承担民事责任：

一是捏造、歪曲事实。客观真实是对新闻报道、舆论监督最基本的要求，行为人在从事新闻报道、舆论监督中应当力求所报道的情况，所反映或者检举控告的情况客观真实。若行为人在新闻报道、舆论监督中捏造或者歪曲事实，不但是对新闻报道、舆论监督最基本要求的违反，而且为假借新闻报道、舆论监督之名行诬告、陷害之实打开了方便之门，会对他人的名誉造成损害，实际上是滥用新闻报道、舆论监督的行为。对于捏造、歪曲事实这种主观恶意大，后果一般都较为严重的侵权行为，法律必须禁止，行为人也必须承担法律责任。

二是对他人提供的严重失实内容未尽到合理核实义务。理论上将言论分为对事实的描述和对意见的陈述。对事实的描述是对客观发生的事实进行的具体描述，其判断的标准是"真实性"；对意见的陈述是对已经发生事实的性质、价值、意义等方面的主观评论，其无所谓真实不真实，原则上不会构成侵权。对于从事新闻报道、舆论监督等行为的行为人而言，对于事实的报道和反映应当通过实地采访或者充分核实等方式力求客观真实。对于他人提供的情况，特别是二手材料，更应当进行核实，绝不能道听途说，否则行为人就应当对因严重错误或者失实的报道损害他人名誉的行为承担民事责任。基于此，本条规定，实施新闻报道、舆论监督等行为的行为人，对他人提供的严重失实内容未尽到合理核实义务损害他人名誉的，应当承担民事责任。

三是使用侮辱性言辞等贬损他人名誉。如前所言，新闻报道、舆论监督的内容应当尽量真实，评论也应当尽量客观公正。原则上满足了这个要求，行为人就不构成侵权。但是，在现实生活中，行为人从事新闻报道、舆论监督时，报道或者反映的情况虽然都是真实的，但在陈述该事实时却使用了侮辱性的言语。例如，某媒体在报道某女明星作为第三者破坏他人婚姻这一事实时，对该女明星用了"荡妇""破鞋"等具有侮辱性的言辞，报道的事实虽是真实的，但所用言辞贬损了该女明星的名誉，该媒体也应当承担民事责任。

❖ **案例分析** ❖

2002年6月4日，中国国家足球队在世界杯小组赛上输给唯一有望战胜的哥斯达黎加队。2002年6月16日，《东方体育日报》在题为《中哥战传闻范××涉嫌赌球》的报道中转载了《体坛周报》的文章。文章进行排除式分析后指明，涉嫌打假球的球员为本案原告范某。范某向上海市静安区法院提起诉讼，控告上海文汇新民联合报业集团侵犯其名誉权。原告认为，被告以"未经核实的消息"为新闻来源，在毫无依据的情况下，公开指明原告系因赌球而消极比赛的球员，其行为完全是不惜牺牲他人的名誉而公开进行的新闻炒作，违背了我国新闻报道"真实、准确、公正"三原则的最基本要求，主观上是故意炒作，客观上具有违法性，毫无起码的新闻道德可言，并且造成了对原告名誉的损害。法院经审理后判决认为：2002年是中国国家足球队第一次打进世界杯，国足在世界杯上的表现是社会各界关注的焦点。范某系中国著名球星，自然是社会公众人物，此期间关于国足和范某的任何消息，都将引起社会公众和传媒的广泛兴趣和普遍关注。2002年6月14日，《体坛周报》刊出"某国脚涉嫌赌球"的报道后，引起社会公众和广大球迷的猜疑、议论，足以影响整个国足的形象乃至中国足球的纯洁性。《东方体育日报》依据这一客观情况所撰写的报道，其消息来源并非主观臆造，从文章的结构和内容上看，旨在连续调查赌球传闻的真实性。即使范某认为报道指名道姓有损其名誉，但在媒体行使舆论监督的过程中，作为公众人物的范某，对于可能造成的轻微损害应当予以忍受。从表面上看，报道涉及的是范某的个人私事，但当其与社会公众关注世界杯、关心中国足球相联系时，就不是一般意义上的私事，而是社会公众利益的一部分，理应可以成为新闻报道的内容。新闻媒体对社会关注的焦点进行调查，行使报道与舆论监督的权利，以期给社会公众一个明确说法的行为，并无不当。

> **第一千零二十六条** 认定行为人是否尽到前条第二项规定的合理核实义务，应当考虑下列因素：
> （一）内容来源的可信度；
> （二）对明显可能引发争议的内容是否进行了必要的调查；
> （三）内容的时限性；
> （四）内容与公序良俗的关联性；
> （五）受害人名誉受贬损的可能性；
> （六）核实能力和核实成本。

❖ **条文主旨** ❖

本条是关于如何判断行为人是否履行了合理审核义务的规定。

❖ **条文解读** ❖

根据前条的规定，行为人实施新闻报道、舆论监督等行为时，对他人提供的基本内容应当履行合理核实义务；若对他人提供的严重失实内容未尽到合理核实义务，则可能会承担民事责任。可见，对他人提供的信息尽合理核实义务是从事新闻报道等行为的行为人的职业道德和法定义务。从司法实践看，新闻报道、舆论监督的内容严重失实基本上都是因为行为人未尽到合理审核义务导致的。例如，新闻媒体的工作人员单方信任他人提供的信息，未对该信息内容作必要的核实，使得报道的基本内容脱离实际或者完全与事实相背离，从而造成名誉权侵权。但是在实践中如何判断行为人是否履行了合理核实义务却是一个难点，为了有利于实务操作，本条借鉴国外的立法经验，规定了判断行为人是否履行合理核实义务可以考虑的若干因素。根据本条规定，可以考虑以下因素：

一是内容来源的可信度。若提供信息内容的来源可信度高，行为人核实的义务就低；若提供信息内容的来源可信度低，行为人核实的义务就高。例如，若信息内容来源于国家机关依职权制作的公开文书和实施的公开职权行为，则新闻媒体对这些信息内容履行的核实义务就很低，因为国家机关依职权制作的公开文书和实施的公开职权行为具有较高的公信力，新闻媒体不需要再履行很高的核实义务；但若信息内容由社会上的一个普通人或者与信息内容有关的利害关系人所提供，则新闻媒体在报道这些内容前应当慎重，应当反复核实。

二是对明显可能引发争议的内容是否进行了必要的调查。从事新闻报道的媒体或者从事舆论监督的行为人接收到他人提供的信息后，应当对该信息内容进行分析判断，若发现该内容明显可能引发争议时，就应当进行必要的调查以核实该内容是否属实。若明知该内容很可能引发争议却不进行必要的调查就进行报道，则可认定该行为人未尽到合理核实义务。例如，新闻媒体收到他人提供的关于某学者学术造假的信息内容，该内容明显可能引发争议，新闻媒体在正式报道前应当对此进行必要的调查，如亲自采访相关人员，或者对提供的信息内容亲自进行核对等。

三是内容的时限性。新闻报道一般都讲究时效性。如果他人提供的信息内容需要及时予以报道，来不及亲自实地采访或者核实情况，行为人的核实义务就较低。在新闻报道中，时效性越强，对事实的核实义务就越低。例如，对公众人物的人格权的限制，也要考虑时间因素，如果经过长久的时间，所涉及的公共事件不再受公众关注，此时对他们人格权的保护，就应当恢复到一般人的水平。还例如，对于突发性的公共安全事件的报道，由于时效性相当强，媒体在根据他人提供的信息内容进行报道时核实义务就相对低些。

四是内容与公序良俗的关联性。若他人提供的信息内容与公序良俗密切相关，则新闻媒体等承担的核实义务就低一些；若与公序良俗不相关，则新闻媒体等承担的核实义务就相对高一些。

五是受害人名誉受贬损的可能性。若他人提供的信息内容对第三人的名誉造成损害的可能性很大，新闻媒体等就要承担相对较高的核实义务；反之，承担的核实义务就相对较低。例如，他人提供的信息涉及某学者学术造假，这些信息内容涉及学者的重大声誉，对该学者的名誉造成贬损的可能性较高，新闻媒体对该信息内容应当承担较高的核实义务。

六是核实能力和核实成本。不同的行为人对他人提供的信息内容进行核实的能力是不同的，所花的核实成本也是不同的。例如，新闻媒体的核实能力就明显高于个体，对于信息内容进行核实的成本也要明显低于个体进行核实的成本。因核实能力和核实成本的不同，不同行为人承担的核实义务也不完全相同。

对如何判断行为人是否履行了合理核实义务，本条列举了前述六项应当考虑的因素，但在实践中进行判断时并非要考虑所有因素，至于到底要考虑几项因素以及哪几项因素，应当根据具体情况来决定。此外，本条规定的因素仍然是较为抽象的，需要在个案中结合具体情况进行判断，同时，本条规定的六项因素也为实践中的案例类型化和司法实践提炼更具体的规则提供了依据和基础。

> 第一千零二十七条 行为人发表的文学、艺术作品以真人真事或者特定人为描述对象,含有侮辱、诽谤内容,侵害他人名誉权的,受害人有权依法请求该行为人承担民事责任。
>
> 行为人发表的文学、艺术作品不以特定人为描述对象,仅其中的情节与该特定人的情况相似的,不承担民事责任。

❖ **条文主旨** ❖

本条是关于文学、艺术作品创作可能产生的名誉侵权问题的规定。

❖ **条文解读** ❖

文学艺术创作对于提高人民文化水平,繁荣我国文化,坚定文化自信具有重要意义。从事文学艺术创作是公民的一项权利,我国宪法第47条规定,中华人民共和国公民有进行科学研究、文学艺术创作和其他文化活动的自由。国家对于从事教育、科学、技术、文学、艺术和其他文化事业的公民的有益于人民的创造性工作,给以鼓励和帮助。文学艺术作品来源于生活,依托于现实,但往往又高于生活,具有一定的虚构性。虚构程度因作品类型应用而不同。例如,文学作品的种类多样,包括小说、纪实文学、报告文学等多种形式。纪实文学作品往往是以事实为基础的,虚构性的成分较少;报告文学一般介于虚和实之间,既有现实的内容,也有虚构的内容;小说则基本上以虚构为主。正是由于文学艺术作品这种来源于生活同时又具有虚构性的特征,作者创作的文学艺术作品就有可能会对他人名誉造成侵害。在实践中,因文学艺术创作而产生的名誉权侵权纠纷日益增多。作者的创作自由需要保护，但这种自由不能被滥用，特别是不能放任这种自由严重损害他人的名誉权。因此，如何在保护作者创作自由和名誉权保护之间划定一个界限是本编立法需要面对的问题。本条区分两种情况作了规定：

一是行为人发表的文学、艺术作品以真人真事或者特定人为描述对象的情形。这主要是针对依赖于原型人物和现有事实创作出来的纪实类作品。由于这类作品是以真人真事或者特定人为描述对象，所以只要作品的描述以事实为基础，原则上不会构成名誉权侵权，但是，若行为人发表的文学、艺术作品虽以真人真事或者特定人为描述对象，使用的也是被描述对象的真实姓名、真实地址，却以谣言和捏造的事实为基础，对被描述对象进行侮辱、诽谤，从而造成其社会评价降低的，行为人也应当依法承担民事责任。基于此，本条第1款规定，行为人发表的文学、艺术作品以真人真事或者特定人为描述对象，含有侮辱、诽谤内容，侵害他人名誉权的，受害人有权依法请求该行为人承担民事责任。这里需要强调的是，行为人发表的文学、艺术作品虽以真人真事或者特定人为描述对象，但并未向第三人公开该作品的情形下，由于该作品无法为第三人所知悉，所以即使该作品含有侮辱、诽谤内容，也不会降低被描述对象的社会评价，自然也不会损害其名誉权。所以适用本条第1款规定的前提条件是该作品已被公开。

二是行为人发表的文学、艺术作品不以特定人为描述对象。这主要是针对行为人创作的以想象虚构为主的小说等文学艺术类作品。由于这类作品是以想象虚构的内容为基础创作的，没有使用真人真姓，并不是以特定人为描述对象，所以就很难对某人的名誉权造成侵害，即使是该作品中的情节与某特定人的情况相似，也不构成侵害名誉权。也就是说，行为人发表的文学、艺术作品不以特定人为描述对象，仅是其中的情节与某人相似的情况下，不宜"对号入座"，不构成名誉权侵害。基于此，本条第 2 款规定，行为人发表的文学、艺术作品不以特定人为描述对象，仅其中的情节与该特定人的情况相似的，不承担民事责任。现实生活是复杂多样的，作品创作也是如此，有的作品虽没有指名道姓，但一般读者通过阅读不可避免地会将作品中的人物与现实中的某一特定人"对号入座"的，此时就不构成本款所规定的"不以特定人为描述对象"，这种情形不应适用本款的规定，而应适用本条第 1 款的规定。因此，判断某一作品是否不以特定人为描述对象，关键不在于该作品是否指名道姓，而要从实质上认定该作品所描述的对象是否合理地指向现实中的真实人物。

❖ **案例分析** ❖

吉某，艺名"荷花女"，1926 年生于上海。吉某于 1940 年开始，在天津梨园以艺名"荷花女"开始了她的戏曲生涯，红极一时。不久后的 1944 年，年仅 19 岁的吉某因病去世。之后，魏某使用吉某的真名和艺名创作了小说《荷花女》，并于 1987 年 4 月在天津《今晚报》连载。在小说《荷花女》中，有吉某先后和于某、许某、"小麒麟"三人恋爱，并三次接受对方聘礼的情节；同时，还有吉某被当时的天津帮会老大袁某奸污并忍气吞声的情节。此外，小说隐射吉某是因私生活极其混乱而染上性病，并在治疗过程中被错误注射药剂导致死亡。吉某的母亲陈某在阅读小说后，以连载小说侵犯女儿吉某的名誉权为由起诉了作者魏某和连载小说的《今晚报》，此案即"中国死者人格利益保护第一案"。对于本案，当时的法律未作规定，根据法理上的漏洞填补规则，天津市中级人民法院经审理后认定：被告的行为构成了对死者吉某名誉权的侵害，应当承担赔礼道歉并赔偿 800 元精神损害的民事法律责任。

> **第一千零二十八条** 民事主体有证据证明报刊、网络等媒体报道的内容失实,侵害其名誉权的,有权请求该媒体及时采取更正或者删除等必要措施。

◆ **条文主旨** ◆

本条是关于名誉权人所享有的更正权的规定。

◆ **条文解读** ◆

报刊、网络等媒体的报道具有传播速度快、传播范围广、传播影响大等特点,再加上报刊、网络等媒体进行新闻报道时往往又要追求时效性、爆炸性等效果,其报道的内容一旦失实,造成的后果将是十分严重的,对涉及的民事主体的名誉影响也是十分巨大的。因此,发现报刊、网络等媒体的报道失实后,采取措施及时切断这些失实报道内容的传播就极为必要。实践中,报刊、网络等媒体自己发现报道内容失实,自己及时采取措施进行更正当然是天经地义的,若自己发现报道失实后,还不采取措施更正的,就是明知报道失实还继续报道,构成了恶意,对他人名誉造成损害的,应当承担侵权责任。此时,报刊、网络等媒体不可再援引本法第1025条的规定进行抗辩。若名誉权人发现报刊、网络等媒体报道的内容失实,能否直接要求报刊、网络等媒体更正呢?对于这个问题,从国外的立法看,瑞士等一些国家明确规定,名誉权人发现报刊、网络等媒体报道的内容失实的,有权要求媒体予以更正。我国的《出版管理条例》第27条规定,出版物的内容不真实或者不公正,致使公民、法人或者其他组织的合法权益受到侵害的,其出版单位应当公开更正,消除影响,并依法承担其他民事责任。报纸、期刊发表的作品内容不真实或者不公正,致使公民、法人或者其他组织的合法权益受到侵害的，当事人有权要求有关出版单位更正或者答辩，有关出版单位应当在其近期出版的报纸、期刊上予以发表；拒绝发表的，当事人可以向人民法院提起诉讼。在立法过程中，不少意见也提出，考虑到媒体报道本身具有的特点，在不实报道发生后，如果赋予受害人请求媒体及时更正的权利，将在最大程度减少损害，具有很强的可操作性。因此，建议借鉴国外立法经验和我国《出版管理条例》的规定，明确赋予名誉权人的更正权。本法采纳了这一意见，明确规定民事主体有证据证明报刊、网络等媒体报道的内容失实，侵害其名誉权的，有权请求该媒体及时采取更正或者删除等必要措施。

根据本条规定，名誉权人有权请求媒体对不实报道内容进行更正，但前提是其有证据证明该媒体报道的内容是失实的。若名誉权人没有确切的证据证明媒体的报道失实，其无权要求媒体进行更正。之所以强调这一点，是因为更正权是名誉权人未经过法院的诉讼程序直接向媒体提出的一种权利，若允许其没有确切证据就可以行使这一权利，将对报刊、网络等媒体的正常报道行为造成严重干扰，影响媒体正常功能的发挥。名誉权人向媒体提供了确切证据足以证明媒体的报道不实的，媒体应当及时予以更正。媒体仍拒不采取更正措施的，就是明知报道失实还继续报道，构成了恶意，对他人名誉造成损害的，应当承担侵权责任。此时，媒体无权再援引本法第1025条的规定进行抗辩。对于名誉权人而言，其有确切证据证明媒体的报道失实，要求媒体更正，但媒体拒不更正的，其还有权请求人民法院责令该媒体限期更正。需要注意的是，名誉权人要求媒体更正并非其请求人民法院责令该媒体限期更正的前置程序。名誉权人在有确切证据证明媒体报道失实的情况下，也可以直接请求人民法院责令该媒体限期更正。所以，本条规定实际上也是本法第997条规定的特别禁令制度在本章的具体化。

> **第一千零二十九条** 民事主体可以依法查询自己的信用评价；发现信用评价不当的，有权提出异议并请求采取更正、删除等必要措施。信用评价人应当及时核查，经核查属实的，应当及时采取必要措施。

❖ **条文主旨** ❖

本条是关于信用评价的规定。

❖ **条文解读** ❖

信用是指对一个民事主体履行义务能力，特别是经济能力的一种社会评价。根据本法第1024条的规定，信用是名誉的重要组成部分。市场经济既是法治经济，也是信用经济。只有在诚信的基础上，市场主体才能坦诚地进行交易，交易安全才有保障，才有利于促进商品流通，推动经济和社会的发展进步。建立良好的信用环境和信用制度，对于促进我国社会主义市场经济健康有序发展极为重要。我国当前的社会信用环境还存在不少问题，例如，信用意识不强，信用失范现象时有发生等，亟须建立和完善相关的信用制度。信用评估制度就是提高信用环境的一种重要制度。所谓信用评估是指银行等信用评估机构对借款人等民事主体的信用情况进行评估的一种活动。例如，银行贷款的最基本条件是信用，信用好就容易取得银行贷款支持，信用差就难以取得银行贷款支持。而借款人信用是由多种因素构成的，包括借款人资产负债状况、经营管理水平、产品经济效益及市场发展趋势等。为了对借款人信用状况有一个统一的、基本的、正确的估量，以便正确发放银行贷款，就必须对借款人信用状况进行评估。在信用评估中，依法成立的信用评估机构，收集有关民事主体的偿债能力、责任财产、过往还债记录和市场声誉的资料，按照规定的信用评级制度，对相关民事主体的信用情况评级，并为进行投资和交易等民事活动的民事主体提供信用报告、公布信用等级。如果信用评估机构对被评估对象的信用状况作出了消极评价，则该被评估对象从事民事活动特别是从事经济活动就会受到极大制约，例如，出行受限、消费受限、借款受限等。有时信用评估甚至可以决定一个市场主体的经济命运，例如，一个企业信用级别的高低，不但影响其融资渠道、规模和成本，更反映了企业在社会上的形象和生存与发展的机会，是企业综合经济实力的反映，是企业在经济活动中的"身份证"。正因为信用评估对一个民事主体的名誉影响巨大，信用评估机构在进行信用评估时应当履行高度的注意义务，审慎、尽责、客观、公正地进行信用评估，否则就应当对民事主体的名誉权所造成的损害承担民事责任。信用评估机构在评估中尽到了高度注意义务的，则可以免责。

正因为信用评估会对一个民事主体的名誉造成重大影响，因此，信用评估机构只能依照法律、行政法规规定或者经信用评估结果涉及的民事主体同意，才能向其他机构和部门出示信用评估结果。民事主体也有权依法查询自己的信用评价结果，信用评估机构不得拒绝该民事主体查询自己的信用评估结果的要求。民事主体通过自己查询等方法发现信用评价与事实不符或者明显不当的，有权向信用评估机构提出异议并要求采取更正、删除等必要措施。当然，民事主体请求信用主体机构采取更正、删除等必要措施时，应当提供相应的证据证明该信用评估结果与事实不符或者明显不当。信用评估机构接到民事主体的异议和更正、删除等请求后，应当及时对民事主体提供的证据进行核查，经核查属实的，应当及时采取更正、删除等必要措施。若信用评估机构接到民事主体的请求后，不进行核查，或者经核查属实后并未采取更正、删除等必要措施的，就构成过错，应当对民事主体承担侵害名誉权的民事责任。对于信用评估机构采取更正、删除等必要措施前对民事主体造成的名誉权损害，其是否承担民事责任，关键是看信用评估机构对形成与事实不符或者得出明显不当的信用评估是否有过错，原则上讲，信用评估机构有过错的，其就应当对损害后果承担民事责任。

需要说明的是，并非任何组织或者个人都可以对民事主体的信用状况进行评估，本条中的信用评估人必须是依法成立的机构。目前，我国的信用评估人主要是依法成立的征信机构，根据《征信业管理条例》的规定，征信机构是指依法设立，主要经营征信业务的机构。

> 第一千零三十条　民事主体与征信机构等信用信息处理者之间的关系，适用本编有关个人信息保护的规定和其他法律、行政法规的有关规定。

❖ **条文主旨** ❖

本条是关于处理信用信息所应遵循的规则的规定。

❖ **条文解读** ❖

正如前条所言，名誉权人的信用是社会公众对其经济能力的评价和信赖，其对于名誉权人的影响极为重大。正因为如此，信用评估应当具有客观性和公正性，不应带有任何偏见。要确保信用评估的客观性和公正性，信用评估就必须建立在真实的信用信息基础上。因此，信用评估人在对某民事主体进行信用评估前应当尽量全面准确地掌握该民事主体的资产状况、还债记录等信用信息，这是进行信用评估的前提和基础。

信用信息属于民事主体的个人信息。考虑到个人信息在现代社会对于个人的重要性和易受侵害性，我国加强了对个人信息的保护，本编第六章和网络安全法、消费者权益保护法、电子商务法、《征信业管理条例》等多部法律法规对个人信息的保护问题作了规定。征信机构等信用信息处理者在处理信用信息时，也应当遵守这些规则。基于此，本条规定，民事主体与征信机构等信用信息处理者之间的关系，适用本编有关个人信息的规定和其他法律、行政法规的有关规定。

> **第一千零三十一条** 民事主体享有荣誉权。任何组织或者个人不得非法剥夺他人的荣誉称号，不得诋毁、贬损他人的荣誉。
> 获得的荣誉称号应当记载而没有记载的，民事主体可以请求记载；获得的荣誉称号记载错误的，民事主体可以请求更正。

❖ **条文主旨** ❖

本条是关于荣誉权的规定。

❖ **条文解读** ❖

荣誉是国家和社会对在社会生产生活中作出突出贡献或者有突出表现的民事主体所给予的积极的正式评价。荣誉的外在表现形式可以是物质奖励，如奖金、奖杯、奖牌等；也可以是精神奖励，如光荣称号等。授予荣誉的主体可以是政府，也可以是单位，还可以是社会组织。荣誉权就是民事主体对自己所获得的荣誉及其利益所享有的保持、支配的权利。

实践中，侵犯荣誉权的形式多种多样，最为典型的是非法剥夺他人的荣誉称号或者诋毁、贬损他人的荣誉。正如前所言，荣誉是政府、单位或者社会组织依据一定程序授予民事主体的一种正式评价，若没有正当理由且没有通过严格的程序，这种正式评价不能被随意剥夺。任何组织或者个人若对某民事主体所获得的荣誉有异议，都应当通过一定程序向荣誉授予机关提出，由授予机关通过严格程序作出是否撤销或者剥夺该民事主体所获荣誉的决定。除此之外，任何组织或者个人都不得非法剥夺他人的荣誉称号。任何组织或者个人诋毁、贬损他人荣誉的，应当依法承担民事责任。此外，荣誉权不仅包括精神利益，还附随着一定的物质利益，如奖金、奖品等。民事主体有权获得因其荣誉所产生的物质利益，禁止任何组织或者个人非法剥夺民事主体因其荣誉产生的物质利益。实践中，还存在两种损害民事主体荣誉权的特殊情形：一是民事主体获得的荣誉称号应当记载而没有记载的情形。荣誉称号是民事主体享有荣誉权的主要表现形式和载体。荣誉称号应当被相关单位记载入民事主体的档案等正式材料中，这是对民事主体荣誉的承认，对其荣誉权的尊重。但是，实践中，常有民事主体的荣誉称号没有被记载的情形发生，这实际上变相剥夺了民事主体的荣誉称号，实质上损害了民事主体的荣誉权。基于此，本条第2款特别强调，民事主体获得的荣誉应当记载而没有记载的，其有权请求记载。二是民事主体获得的荣誉称号被记载错误的情形。正如前所述，荣誉称号是荣誉权的重要体现，若被错误记载，将对荣誉权的荣誉造成贬损，损害民事主体的荣誉权。因此，相关单位有义务准确记载民事主体的荣誉称号。荣誉权人发现自己的荣誉称号被错误记载的，其也有权请求义务人予以更正。

第六章　隐私权和个人信息保护

本章共八条，对隐私权的内容、隐私的定义、禁止侵害隐私的典型行为等内容作了规定，还对个人信息的定义，收集、处理个人信息所应遵循的规则，信息主体对自己的个人信息所享有的权利，收集、处理个人信息的免责情形等内容作了规定。

> **第一千零三十二条** 自然人享有隐私权。任何组织或者个人不得以刺探、侵扰、泄露、公开等方式侵害他人的隐私权。
> 隐私是自然人的私人生活安宁和不愿为他人知晓的私密空间、私密活动、私密信息。

◆ **条文主旨** ◆

本条是关于隐私权内容以及隐私定义的规定。

◆ **条文解读** ◆

隐私权是一种重要的人格权。隐私的观念从人类产生之日起便存在，它根源于人天生的羞耻本能，从用树叶、兽皮蔽体到穿衣服遮身，再到将卧室设置在房中最隐秘的位置，这种因羞耻本能而产生的行为说明对隐私保护的渴望是人的本能和社会交往的需要。但隐私权真正成为一种民事权利则是随着近代传媒业的发展才产生。隐私权的概念最早于1890年在美国提出。自该概念被正式提出后，隐私权保护就在美国蓬勃发展起来，在世界各国也呈同样的发展趋势。隐私权制度之所以受到各国的高度重视，主要基于两方面的原因：一是隐私权制度本身具有的功能和价值。理论界普遍认为，隐私权制度具有维护人格尊严、维护个人安宁、提高个人安全感、保护个人自由等功能和作用。隐私权制度所具有的这些功能和价值，对于促进人的全面发展，促进社会的和谐稳定具有重要意义。二是现实方面的需要。在现代社会，一方面，随着人类文明的发展，个人意识在不断加强，个人主义也在加强，人们通过加强隐私保护来保护个人自由的意识也在不断加强；另一方面，随着科技的发展、大众传媒的发展、公共权力的膨胀以及消费主义的盛行，人们的隐私受到侵犯的风险越来越大，以至于有的学者提出，在现代社会，我们每个人都是一个"透明人"，"无私可隐"。现实状况进一步凸显了加强隐私权保护的重要性。隐私权制度在我国出现比较晚，直到 2005 年修改后的妇女权益保障法才正式承认了隐私权制度，2009 年侵权责任法才首次将隐私权作为一种民事权利加以规定，但司法实践很早就开始将隐私纳入名誉的范围内，以名誉权的名义加以保护。例如，1993 年《最高人民法院关于审理名誉权案件若干问题的解答》（已失效）规定，对未经他人同意，擅自公布他人的隐私材料或以书面、口头形式宣扬他人隐私，致使他人名誉受到损害的，按照侵害他人名誉权处理。本条在现行法律和司法解释的基础上，借鉴国外立法经验，明确规定自然人享有隐私权。任何组织或者个人不得以刺探、侵扰、泄露、公开等方式侵害他人的隐私权。

  本条从两个层面对隐私权作了规定。第 1 款明确确认了任何一个自然人均享有隐私权。自然人对隐私的权利，主要体现在以下几个方面：一是隐私享有权，即自然人有权对自己的私密信息、私密活动和私密空间进行隐匿，有权享有生活安宁状态，有权保护自己的隐私不受他人的非法披露和公开，禁止任何个人和组织非法披露、公开。当然，这种隐私享有权会受到公共利益的限制。例如，公安机关为侦查犯罪的需要，可以根据法律的明确授权对犯罪嫌疑人的活动进行跟踪或者监听。二是隐私维护权，即自然人维护自己的隐私不受侵犯的权利。在自己的隐私权受到侵害后，有权直接请求行为人停止侵害、排除妨碍，也有权请求司法机关予以保护。三是隐私公开权，即自然人在法律和公序良俗所允许的范围内有权公开自己的隐私。公开的方式可以是亲自公开，也可以允许他人公开，但需要强调的是，根据本法第1033条的规定，他人公开自然人的隐私，必须经权利人明确同意。对于是否允许对隐私进行商业化利用，在立法过程中，各方对此有不同意见，但主流观点认为，隐私权不同于肖像权、姓名权等标表型人格权，其具有相当的伦理性和情感性，不宜鼓励自然人将自己的隐私用于商业目的。本法基本赞同这一观点。

本条第2款对隐私的定义进行了界定。界定隐私是规定隐私权的前提和基础。本条第2款规定，隐私是自然人的私人生活安宁和不愿为他人知晓的私密空间、私密活动、私密信息。根据这一规定，隐私包括四部分内容：

一是私人生活安宁。私人生活的安定宁静是个人获得自尊心和安全感的前提和基础，自然人有权排除他人对其正常生活的骚扰。将私人生活安宁纳入隐私的范围，对于保护自然人的人格尊严极为重要。有的学者将侵扰私人生活安宁的范围界定得很宽，将侵入他人住宅、窃听私人电话、拆阅他人信件、跟踪他人、偷窥他人行动等一切足以干扰他人的行为都纳入其中。考虑到语言习惯和多数人的普遍认知，从立法技术和易于理解的角度，本条所规定的侵扰私人生活安宁并非这种宽泛意义上的概念，而是将私人生活安宁与不愿为他人所知的私密空间、私密活动和私密信息并列规定，所以本法所规定的私人生活安宁是狭义概念，侵犯私人生活安宁的行为主要指本法第1033条规定的"以电话、短信、即时通讯工具、电子邮件、传单等方式侵扰他人的私人生活安宁"的行为。例如，向他人发送垃圾邮件、垃圾微信或者进行电话骚扰；在民事主体明确拒绝的情况下，还反复向他人发送小广告、散发传单等。

二是私密空间。私密空间是指个人的隐秘范围，包括个人居所、私家车、日记、个人邮箱、个人的衣服口袋、身体的隐私部位以及旅客居住的宾馆客房等。自然人有权排除他人对自己私密空间的侵入。私人住宅是最为典型的私密空间，有的学者将之称为每个人的"城堡"，根据我国宪法第39条的规定，中华人民共和国公民的住宅不受侵犯。禁止非法搜查或者非法侵入公民的住宅。本条规定将宪法的规定以隐私权的方式予以落实，不但强调了公民的住宅作为一种物权①应当受到保护，更强调了对公民住宅的保护是对自然人人格权的保护。这里需要强调的是本条所规定的"私密空间"不仅包括住宅等物理意义上的特定空间，还包括电子邮箱等虚拟空间。根据本法第1033条的规定，除法律另有规定经权利人明确同意外，任何组织或者个人不得进入、拍摄、窥视他人的住宅、宾馆房间等私密空间；不得拍摄、窥视他人身体的私密部位。

三是私密活动。私密活动是指自然人所进行的与公共利益无关的个人活动，如日常生活、家庭活动、婚姻活动、男女之间的性生活等活动。每个自然人都享有私密活动不受他人侵扰的权利。自然人的私密活动是一种动态隐私，具有一个产生发展和变化的过程，有的私密活动随着时间的发展可能会变成非隐私，有的非隐私活动也有可能随着时间的发展成为私密活动。根据本法第1033条的规定，除法律另有规定经权利人明确同意外，任何组织或者个人不得拍摄、窥视、窃听、公开他人的私密活动。婚外恋和婚外性生活，从道德上应当受到谴责，也可能受到党纪政纪的处分，但除了法律另有规定或者当

---

① 物权：是指权利人依法对特定的物享有直接支配和排他的权利，包括所有权和他物权（用益物权和担保物权）。或者说，是自然人、法人直接支配不动产或者动产的权利，包括所有权、用益物权和担保物权。

事人明确同意外,也属于私密活动,不得向社会公布。

四是私密信息。私密信息是指通过特定形式体现出来的有关自然人的病历、财产状况、身体缺陷、遗传特征、档案材料、生理识别信息、行踪信息等个人情况。这些个人情况是自然人不愿为他人所知晓的信息。自然人的私密信息受法律保护,根据本法第 1033 条的规定,除法律另有规定经权利人明确同意外,任何组织或者个人不得处理他人的私密信息。私密信息与本法第 1034 条规定的个人信息有区别也有联系,联系是私密信息对特定自然人具有极强的识别性,所以私密信息也属于个人信息;区别是个人信息既包括私密信息,也包括非私密信息,范围大于私密信息。此外,私密信息与本条中的私密活动也有一定联系。私密活动是种动态的隐私,但若其以静态的形式体现出来,则变成了私密信息。例如,记录某一自然人在某宾馆房间与另一人约会是私密活动,但若其用手机将约会的过程记录留存下来,则手机上留存的记录就变成了私密信息,而非私密活动;某人的通信行为为私密活动,但通信记录则为私密信息。

> **第一千零三十三条** 除法律另有规定或者权利人明确同意外,任何组织或者个人不得实施下列行为:
> (一)以电话、短信、即时通讯工具、电子邮件、传单等方式侵扰他人的私人生活安宁;
> (二)进入、拍摄、窥视他人的住宅、宾馆房间等私密空间;
> (三)拍摄、窥视、窃听、公开他人的私密活动;
> (四)拍摄、窥视他人身体的私密部位;
> (五)处理他人的私密信息;
> (六)以其他方式侵害他人的隐私权。

◆ **条文主旨** ◆

本条是关于禁止从事的侵害他人隐私权的主要行为的规定。

◆ **条文解读** ◆

隐私权是一种重要的人格权,根据本法第1032条的规定,自然人享有隐私权,任何组织或者个人不得以刺探、侵扰、泄露、公开等方式侵害他人的隐私权。本条在前条规定的基础上,为了进一步加强对隐私权的保护,明确规定除法律另有规定或者权利人明确同意外,任何组织或者个人不得实施下列行为:

一是以电话、短信、即时通讯工具、电子邮件、传单等方式侵扰他人的私人生活安宁。这是对前条所规定的隐私中私人生活安宁的保护。实践中,对自然人生活安宁的侵扰主要是以电话、短信、即时通讯工具、电子邮件、传单等方式进行的,如向他人发送垃圾短信、垃圾微信、垃圾邮件、散发传单等。这里的即时通讯工具主要是微信、微博等社交媒体工具。这些侵扰方式看似普通,但实际上有可能会对一个人的生活造成极大的滋扰,让权利人不胜其烦。若一个人长期被垃圾电话、微信等侵扰,还有可能导致此人精神崩溃等严重后果,这种案例在现实生活中已多次出现。

二是进入、拍摄、窥视他人的住宅、宾馆房间等私密空间。住宅、宾馆房间等私密空间是自然人隐私的核心部分。实践中,进入、窥视、拍摄他人的住宅、宾馆房间等私密空间是三种最为典型的侵犯隐私的行为。这里的"进入"是指未经权利人明确同意或者没有法律授权擅自闯入他人住宅或者他人居住的宾馆房间。这里的"窥视"是指非法暗中观察、偷看他人的住宅或者宾馆房间。这里的"拍摄"是指非法通过手机、相机或者通过在住宅或者宾馆房间安装摄像头等设备将他人住宅或者他人所居住的宾馆内的人、物、布局、摆设等记录下来。非法进入、窥视、拍摄他人的住宅、宾馆房间等私密空间，会对自然人的隐私权造成较为严重的侵害，也会对社会秩序造成较大破坏。

三是拍摄、窥视、窃听、公开他人的私密活动。在现实生活中，每个人每天都会从事各种各样的社会活动，其中不少社会活动都是其不愿为他人所知晓的私密活动，特别是有的私密活动一旦被他人窥视、窃听，其将处于恐惧当中，个人人格尊严也将受到严重侵害。所以在现代社会，每一个人都有权依法进行各种各样的社会活动，国家也有责任保证每个公民的私密活动不受非法侵扰，这既是个人自由权的体现，也是现代文明的标志。基于此，本条明确规定任何组织或者个人都不得非法拍摄、窥视、窃听、公开他人的私密活动。

四是拍摄、窥视他人身体的私密部位。自然人身体的私密部位属于其私密空间的范围，身体的私密部位对于任何自然人来讲都是极为敏感，一旦被暴露于外，将是对自然人的极大羞辱。隐私的观念根源于人天生的羞耻本能，而这种羞耻本能又来自于对身体私密部位的保护，人类在发展过程中从用树叶、兽皮蔽体到穿衣服遮身，对自然人身体私密部位的保护就是人类的这种"知羞耻、掩外阴"观念发展起来的。恶意拍摄、窥视自然人身体的私密部位，是一种严重侵犯他人隐私权的行为，所以本条明确规定任何组织或者个人都不得拍摄、窥视他人身体的私密部位。

五是处理他人的私密信息。每个自然人都拥有不少私密信息，这些私密信息可能涉及该自然人的财产状况、社交状况、生理状况、身世经历等。这些私密信息都是自然人不愿公开或者不愿为他人所知晓的信息。违背当事人意愿处理其私密信息构成对隐私权的侵犯,如擅自公开患者的病历、擅自收集他人的聊天记录等都是对权利人隐私权的侵犯。所以,本条规定任何组织或者个人都不得非法处理他人的私密信息。这里"处理"与第1035条中的"处理"含义相同,包括对私密信息的收集、存储、使用、加工、传输、提供、公开等行为。与对个人信息的保护相比,处理他人的私密信息要想获得合法性,除了法律的明确授权外,必须要经过权利人明确同意,而处理非私密个人信息则可以是默示同意,而不一定需要明示同意。

六是以其他方式侵害他人的隐私权。本条规定的前述五项情形只是侵犯自然人隐私权的典型方式。现实生活中,可能侵犯隐私权的方式多种多样,远不止这五种情形。特别是随着现代科技的发展,不少新型的侵犯隐私权的方式不断出现,如利用定位软件对他人的行踪进行跟踪,又如利用高精度、高分辨率的仪器对人体的私密部位进行扫描等。为了避免挂一漏万,本条规定了这一兜底条款。

最后还需要强调一点,除了权利人明确同意外,经过法律的明确授权,也可以对自然人的隐私权作一定限制。例如,公安机关根据刑法、刑事诉讼法等相关法律的规定,可以对犯罪嫌疑人的行踪进行跟踪,也可以对犯罪嫌疑人的住宅进行搜查等;医院根据传染病防治法等相关法律的规定,可以处理相关患者的医疗信息等。

❖ **案例分析** ❖

留学海外多年的31岁女白领姜某从24层楼跳楼死亡。在自杀之前,姜某在网络上写下了自己的"死亡博客",记录了她生命倒计时前2个月的心路历程,并在自杀当天开放博客空间。事件发生后的三个月里,姜某的丈夫王某成为众矢之的。网友运用"人肉搜索"的方式将王某及其家人的隐私和个人信息，包括姓名、照片、住址以及身份证信息和工作单位等全部披露。由此，王某不仅在现实生活中不断收到恐吓邮件，还在网上被"通缉""追杀"以及围攻、谩骂、威胁，并被原单位辞退。之后，王某以侵犯名誉权为由将张某、北京凌云互动信息技术有限公司和海南天涯在线网络科技有限公司起诉至法院。该案被媒体冠为"人肉搜索第一案""网络暴力第一案"。北京市朝阳区人民法院作出一审判决：被告张某停止对原告王某的侵害行为，删除刊登在"北飞的候鸟"网站上的相关文章及原告王某与案外人东某的合影照片；在"北飞的候鸟"网站首页上刊登向原告王某的道歉函；赔偿原告王某精神损害抚慰金5000元、公证费用684元。大旗网和"北飞的候鸟"两家网站的经营者或管理者构成对原告王某名誉及隐私权的侵犯，分别判处停止侵权、公开道歉，并赔偿王某精神抚慰金3000元和5000元；天涯在线因于王某起诉前及时删除相关帖子，积极履行了监管义务，经判决认定其行为不构成侵权。

> **第一千零三十四条** 自然人的个人信息受法律保护。
>
> 个人信息是以电子或者其他方式记录的能够单独或者与其他信息结合识别特定自然人的各种信息，包括自然人的姓名、出生日期、身份证件号码、生物识别信息、住址、电话号码、电子邮箱、健康信息、行踪信息等。
>
> 个人信息中的私密信息，适用有关隐私权的规定；没有规定的，适用有关个人信息保护的规定。

❖ **条文主旨** ❖

本条是关于个人信息的规定。

❖ **条文解读** ❖

信息社会，人的存在不仅涉及生物体征方面的信息（如身高、性别等），也涉及人作为社会成员的基本社会信息（如姓名、职业、宗教信仰、消费倾向、生活习惯等）。有的专家提出，几乎所有的人类活动都具有信息形式的记录，当个人信息累积到一定程度，就构成与实际人格相似的"信息人格"或者"数据人格"。近年来，网络技术、信息技术的发展和经济全球化的趋势一定程度上改变了传统的营销方式和消费方式。传统条件下，由于信息搜集技术的限制，经营者无法有效获取消费者有关消费需求、消费倾向等方面的信息，其商品或者服务的提供带有很大的盲目性。而在当前信息技术发达、个人信息流通便捷的情况下，经营者可以低成本、高效率地利用各种信息搜集方式获取并分析消费者的消费习惯、消费倾向，从而有效地为特定消费者提供个性化服务，进而取得市场竞争优势。例如，某公司推行的最典型的个性化服务方式是直邮，即收集明确同意接收公司营销信息的消费者名单，向其邮寄优惠券和产品样品，这类方式也被称为目标广告。这种个性化服务方式不仅避免了盲目投放广告带来的资源浪费，而且为经营者发展更多忠诚的消费者群体进而大幅提升其销售额提供了可能。个人信息在金融领域发挥的作用更为巨大。通过掌握个人信用信息，使用个人信用评分技术，银行业可以更加有的放矢地发放贷款。对个人信息的有效利用，不仅给经营者带来了利益，对消费者也带来了诸多便利：消费倾向和消费兴趣被商家掌握的消费者，在选择商品和服务时可以节省更多搜索成本；经营者对消费信息的有效掌握可以使其不再向没有该类消费倾向的消费者滥发邮件，减少众多消费者收到垃圾邮件的数量；有良好信用记录的消费者可以更方便取得贷款。个人信息的利用节约社会发展成本，固然能为经济社会带来巨大的利益，但如果对其不作任何限制，利用技术手段滥用个人信息侵犯个人利益的事件必然增多。

近年来，我国高度重视个人信息相关立法，从民事、行政、刑事各方面，加强个人信息保护，保障个人信息安全。2012 年全国人大常委会通过的关于加强网络信息保护的决定、2013 年修正的消费者权益保护法、2016 年通过的网络安全法和 2018 年通过的电子商务法等法律，确立了个人信息保护的规则及网络运营者保障个人信息安全的义务与责任，明确了个人对其信息收集、使用的知情权、删除权、更正权。2017 年通过的民法总则，将个人信息受法律保护作为民事权利的重要内容予以规定。制定个人信息保护法也已列入十三届全国人大常委会立法规划和 2020 年度立法工作计划。立法机关正在抓紧开展个人信息保护法的研究起草工作。此外，一些司法解释和规范性文件对个人信息保护问题作了规定。在本法编纂过程中，各方提出，随着信息技术的快速发展，非法获取、非法公开或者非法向他人提供个人信息的违法行为泛滥，社会危害严重，加强对个人信息的保护对于保护公民的人格尊严，使公民免受非法侵扰，维护正常的社会秩序具有重要的现实意义。建议在人格权编中确立个人信息民事保护的基本规则，以进一步加强对个人信息的保护。经研究认为，个人信息权利是自然人在现代信息中的重要权益，明确对个人信息的保护对于保护自然人的人格尊严，使自然人免受非法滋扰，维护社会的正常秩序意义重大。基于此，在我国现有规定基础上，借鉴国际上的立法经验，本法总则编第 111 条对个人信息保护作了原则性规定。本章在总则编规定的基础上确立了个人信息保护的基本原则和规则。就民法典与单行立法在个人信息保护上的关系问题而言，既要有分工，又要有衔接协调。民法典人格权编本章关于个人信息保护的规定是立足于现行法律法规所进行的修改完善。同时，考虑到将来还有专门的个人信息保护法，所以就民法典这一长期稳定适用的民事基本立法而言，不能作出太多细致具体的规定，而只需要作出基础性、原则性的规定。这样一来，既可以对其他的立法有所指引，又为将来的发展留有空间。

本条第 2 款规定，个人信息是以电子或者其他方式记录的能够单独或者与其他信息结合识别特定自然人的各种信息，包括自然人的姓名、出生日期、身份证件号码、生物识别信息、住址、电话号码、电子邮箱、健康信息、行踪信息等。根据本款的规定，构成个人信息要满足三个要件：一是具有识别性，这是核心要件。所谓识别就是通过该信息可以直接或者间接地将某一自然人"认出来"。识别包括直接识别和间接识别。所谓直接识别，是指通过该信息可以直接确认某一自然人的身份，无须其他信息的辅助，如某人的身份证号、基因信息等；所谓间接识别，是指通过该信息虽不能直接确定某人的身份，但可以借助其他信息确定某人的身份。任何可以直接或者间接识别特定自然人的信息都是个人信息。二是要有一定的载体，这是个人信息的形式要件。个人信息必须要以电子或者其他方式记录下来。没有以一定载体记录的信息不是个人信息。三是个人信息的主体只能是自然人，法人或者非法人组织不是个人信息的主体。个人信息类型众多，包括但不限于自然人的身份信息、生理信息、社会信息、财产信息等，本款列举的具体个人信息只是最为典型也最为常见的类型，现实生活中的具体个人信息远不止列举的类型。与网络安全法列举的个人信息的情形相比，本条增加了电子邮箱、行踪信息等类型，这是为了让个人信息的定义能够更加适应互联网时代和大数据时代的发展需要。判断某一类本款没有列举到的信息是否为个人信息时，可以根据前述三个要件进行判断。

在立法过程中，有的意见提出，隐私比个人信息范围更宽，包括隐私信息、隐私活动和隐私空间，建议以隐私权的保护涵盖对个人信息的保护。经反复研究认为，个人信息与隐私确实有紧密联系，如隐私中的私密信息就属于个人信息。侵犯个人信息和侵犯隐私权的最主要方式都是非法泄露或者公开，也正是因为隐私与个人信息的联系较为紧密，本编将二者放在同一章加以规定。但是，二者的区别也非常明显，尤其是考虑到民法典作为民事基本法律，既需要保护个人信息中体现的人格利益，又要促进信息作为信息社会一种重要资源的合理流通，因此，本法并未采取传统民法以姓名权、肖像权及隐私权为框架的保护个人信息的方式，而是明确将个人信息保护的权利在隐私权等具体人格权外单独加以规定，主要基于以下几点考虑：第一，二者的构成要件不同，隐私强调私密性，而个人信息强调识别性。第二，"隐私"与"个人信息"二者的范围有重合（重合部分可以称为隐私信息，即权利主体不愿为他人知晓的个人信息，如病史、犯罪记录等），但"个人信息"不仅包括不愿为外人知晓的"隐私信息"，还包括可以公开的"非隐私信息"（如姓名、性别等）。第三，法律既要保护自然人对其个人信息享有的人格权益，又要兼顾社会对个人信息的合理利用。鉴于信息自由流通具有的巨大社会效益和经济效益，民法典对个人信息权利的规定，应当兼顾自然人个人信息权益和信息资源有效利用的双重目的。而隐私权的保护，一般多着眼于权利主体的人格权益，更倾向于限制个人信息的搜集与利用。因此，"个人信息"比"隐私"更适宜现代信息社会民法所要调整的法律关系。第四，从权利内容和救济方式看，隐私权作为一种私生活受尊重的权利，多表现为消极被动和防御性的特点，它以侵害行为或侵害可能为前提，以维护人格尊严为目的，一般不具有财产利益。而个人信息得到保护的权利，表现为一种积极主动的请求权，不仅包括个人信息不受非法处理的内容，还包括权利主体对其个人信息的积极控制。第五，对二者的保护程度不同。对隐私权的保护程度要高于对个人信息的保护程度。基于此，本章虽将个人信息保护与隐私权放在同一章，但仍将二者作为两种不同的制度加以规定。需要注意的是，私密信息既是隐私的重要组成部分，也是个人信息的重要组成部分，个人信息保护与隐私权等的保护范围具有一定的重合之处。个人信息受保护的权利并非要替代隐私权对私密信息的保护，而是对其保护的补充。原则上，若个人信息可以为隐私权所保护时，可以优先适用这些规则；没有规定的情况下，可以适用个人信息的相关规定。但隐私权中的私密信息与信息主体的人格尊严联系更为紧密，所以本法对隐私权的保护更高一些，对私密信息的处理要求更高一些，根据本法第1033条的规定，处理他人的私密信息需要获得隐私权人的明确同意。基于此，本条第3款规定，个人信息中的私密信息，适用有关隐私权的规定；没有规定的，适用有关个人信息保护的规定。

> 第一千零三十五条　处理个人信息的，应当遵循合法、正当、必要原则，不得过度处理，并符合下列条件：
> （一）征得该自然人或者其监护人同意，但是法律、行政法规另有规定的除外；
> （二）公开处理信息的规则；
> （三）明示处理信息的目的、方式和范围；
> （四）不违反法律、行政法规的规定和双方的约定。
> 个人信息的处理包括个人信息的收集、存储、使用、加工、传输、提供、公开等。

第六章　隐私权和个人信息保护

❖ **条文主旨** ❖

本条是关于处理个人信息应当遵循的原则的规定。

❖ **条文解读** ❖

对于个人信息的处理直接关系到信息主体的人格尊严，本法第1034条明确规定，自然人的个人信息受法律保护。"自然人的个人信息受法律保护"主要体现在两个方面：一方面，自然人对自己的个人信息享有一系列权能，如本章规定的知情同意权、查阅复制权、更正删除权等；另一方面，处理他人个人信息的主体应当履行相应的义务，遵循一些基本原则和规则。本条在我国现行有关法律法规和个人信息保护实践的基础上，借鉴吸收国际上的通行规定，对处理个人信息应当遵循的基本原则并应当满足的条件作了规定。本条规定是关于个人信息保护的核心内容。根据本条规定，处理个人信息应当遵循以下原则：

一是合法原则，即信息处理者处理个人信息必须要有合法的依据，且处理的方法应当符合法律的规定。合法的依据主要来自两个方面：第一，法律法规的明确规定。除本章的相关规定，目前我国还有网络安全法、消费者权益保护法、电子商务法等多部法律和行政法规，都对处理个人信息作了相关规定。相关主管部门也依法制定了一些部门规章，例如，工业和信息化部制定的《电信和互联网用户个人信息保护规定》。信息收集者、信息控制者应当严格遵守这些规定，不得违反。立法机关正在起草的个人信息保护法也将对此作出规定。所以，本条第1款第4项明确规定，处理个人信息不得违反法律、行政法规的规定和双方的约定。该项规定是对合法原则的具体化。对于处理个人信息，法律法规未作规定的事项，信息处理者还应当遵守相关行业规范，目前一些行业组织已制定了相关的个人信息保护自律规范。第二，信息主体的同意。收集、处理个人信息取得信息主体的同意是个人信息保护的核心原则。根据本条第1款第1项的规定，除法律、行政法规另有规定外，收集、处理个人信息原则上应当征得该自然人或者其监护人同意。本项规定将自然人或者其监护人的知情同意作为合法处理个人信息的主要合法性前提，充分体现了信息主体在个人信息处理中的主导地位，可以有效保障信息主体对自身个人信息的控制。本项中的"其监护人同意"是指自然人因年龄、精神等原因为无民事行为能力或者限制民事行为能力人时，由其监护人决定是否同意他人处理其个人信息。这突出强调了对未成年人等行为能力欠缺者的特别保护。信息主体同意的方式多样，可以是通过与信息处理者签订协议的方式，也可以是单方授权的方式，还可以是其他方式。但是，针对个人信息敏感度的不同，对同意的要求程度不同，处理某些个人信息应当取得信息主体明示同意。例如，对于信息主体敏感度较高的信息或者隐私信息，根据本法第1033条第5项的规定，任何组织或者个人未取得权利人明确同意，不得处理他人的私密信息。本条第1款第1项中的"但是法律、行政法规另有规定的除外"是指收集、处理个人信息可以不取得信息主体同意的例外情形，但这些例外情形必须由法律、行政法规作出明确规定。例如，本法第1036条规定的情形既是处理他人个人信息可以免除民事责任的情形，实际上也是处理他人个人信息无须取得信息主体同意的情形。此外，我国正在制定中的个人信息保护法也可以对处理个人信息无须取得信息主体同意的具体情形作出更为详细的规定。

二是正当原则。所谓正当原则是指处理个人信息除了要遵循合法原则外，信息处理的目的和手段还要正当，应当尊重公序良俗和遵守诚实信用原则,并且要尽量满足透明的要求,以便当事人能够充分了解情况,自主行使自己的权利。这就要求信息处理者对处理个人信息的行为进行自我管理,确保处理个人信息行为的正当性。特别是在收集、处理个人信息过程中不得强迫用户授权,或者以捆绑服务、强制停止使用等不正当手段变相诱导、胁迫用户提供个人信息,更不得欺骗、窃取或者以其他非法手段处理他人的个人信息。实践中的"大数据杀熟"就是一种典型的违反正当原则的行为。

三是必要原则。所谓必要原则是指处理个人信息的目的应当特定,处理应当受限制。处理个人信息应当有特定目的,并且应当依据该特定的、明确的目的进行,通常不得超出目的范围处理个人信息,与实现所涉目的无关的个人信息不得处理。例如,医疗机构收集患者的疾病信息目的是用于分析患者病情或者分析疾病之用,不得将其用于非医疗目的;电商承诺只将收集到的消费者个人信息用于研究分析消费发展趋势目的的,就不得将其用于其他目的。此外,必要原则还包括即使按照特定目的收集、处理个人信息,也应当按照对信息主体影响最小的方式进行,应当在必要的限度内进行。这就要求信息处理者在收集信息时不应当收集对提供服务没有必要的个人信息,只有那些对开展相关服务而言非收集不可或者不收集就无法满足用户服务需要的信息,才可被收集。在处理个人信息时,处理的内容和范围不应过于宽泛,只有在不得不处理时才可以处理个人信息。不得过度处理个人信息本应是必要原则的应有之义,但是在立法过程中,不少意见提出,针对实践中不少网络服务提供商,特别是一些手机软件应用服务提供商过度收集处理个人信息的现象比较普遍,严重损害了信息主体的权益,建议明确规定,不得过度处理个人信息。本条采纳了这一意见,特别强调不得"过度处理"个人信息。这一规定针对性是较强的。

四是公开透明原则。所谓公开透明原则是指信息处理者在处理个人信息时应当公开处理信息的规则，并明示处理信息的目的、方式和范围，确保信息主体享有知情权。公开透明原则极为重要，其是确保信息主体知情同意的前提。只有让信息主体充分知悉和了解处理个人信息的规则、目的、方式和范围，了解个人信息被处理的后果和可能的影响，才可以保护信息主体的意思判断是自主、真实和合理的。这里的公开透明并非指个人信息内容公开，而是指处理个人信息的过程和规则应当公开。这就要求信息处理者在处理个人信息时要主动增强透明度，用通俗易懂、简洁明了的语言说明处理个人信息的目的、方式和范围，并将处理个人信息的规则予以公开。由于这些规则是由个人信息处理者单方制定的，属于格式条款，因此，应当受本法合同编和其他相关法律关于格式条款规定的规范。

需要说明的是，本章中的个人信息处理内涵极为丰富，并不限于使用行为，还包括个人信息的收集、存储、使用、加工、传输、提供、公开等行为。本条第 2 款之所以这样规定，主要是为了表述上的方便，与国际上通行的做法也能基本保持一致。

❖ **案例分析** ❖

2016 年高考，徐某被南京邮电大学录取。2016 年 8 月 19 日下午，徐某接听了一通陌生电话，对方声称向其发放 2600 元的助学金。由于此前曾接到过教育部门发放助学金的通知，徐某遂按照对方要求，将准备缴纳学费的 9900 元转入其提供的账号。发现被骗后，徐某立即与家人前往派出所报案。在报案后回家的途中，徐某突然晕厥，不省人事，虽经医院全力抢救，但仍没能挽回她 18 岁的生命。2016 年 8 月 23 日，临沂市公安部门成立专案组。经调查，2016年7月初，犯罪嫌疑人陈某租住房屋，并购买手机、手机卡和无线网卡等工具。之后，再从犯罪嫌疑人杜某处购买5万余条2016年山东省高考考生信息，并雇用郑某、黄某冒充教育部门的工作人员，以发放助学金名义对高考录取生实施电话诈骗。2016年8月，公安机关组织警力抓获公安部"A级通缉令"通缉的"山东徐某案"犯罪嫌疑人。出具的起诉意见书中认定，陈某等7名犯罪嫌疑人先后交叉结伙，在江西、广西、海南和山东等地设立诈骗窝点，并购买手机、手机卡和无线上网卡等作案工具，以发放助学金、购房补贴的名义实施电话诈骗。2017年7月19日上午，山东省临沂市中级人民法院对被告人陈某等7人诈骗、侵犯公民个人信息案一审公开宣判，以诈骗罪判处被告人陈某无期徒刑，剥夺政治权利终身，并处没收个人全部财产，以侵犯公民个人信息罪判处其有期徒刑5年，并处罚金人民币3万元，合并决定执行无期徒刑，剥夺政治权利终身，并处没收个人全部财产；以诈骗罪判处被告人郑某有期徒刑15年，并处罚金人民币60万元；以诈骗罪判处被告人黄某有期徒刑12年，并处罚金人民币40万元；以诈骗罪判处被告人熊某有期徒刑8年，并处罚金人民币20万元；以诈骗罪判处被告人陈某生有期徒刑7年，并处罚金人民币15万元；以诈骗罪判处被告人郑某聪有期徒刑6年，并处罚金人民币10万元；以诈骗罪判处被告人陈某地有期徒刑3年，并处罚金人民币10万元；责令各被告人向被害人退赔诈骗款项。

> **第一千零三十六条** 处理个人信息，有下列情形之一的，行为人不承担民事责任：
> （一）在该自然人或者其监护人同意的范围内合理实施的行为；

> （二）合理处理该自然人自行公开的或者其他已经合法公开的信息，但是该自然人明确拒绝或者处理该信息侵害其重大利益的除外；
>
> （三）为维护公共利益或者该自然人合法权益，合理实施的其他行为。

❖ **条文主旨** ❖

本条是关于处理个人信息可以免责情形的规定。

❖ **条文解读** ❖

任何权利的行使都是有界限的，自然人对个人信息所享有的权益也不例外，特别是在信息时代，信息的自由流通十分重要。信息时代给人类社会所创造的巨大价值就是建立在信息的自由流通基础上的。如果信息处理者对于任何信息进行任何处理都要花费不合理的成本来确定是否侵害他人的个人信息权益，或者允许信息主体频频打断信息的流通和传播，将严重阻碍信息产业的发展，整个社会也将会付出高昂的代价。因此，在个人信息保护立法中，一定要处理好保护个人信息与促进信息自由流通之间的关系，在进一步加强对个人信息保护的同时，也要高度重视信息的自由流通问题。为了处理好这二者之间的关系，本条明确规定了行为人处理个人信息无须承担民事责任的三种情形：

一是在该自然人或者其监护人同意的范围内合理实施的行为。自然人或者其监护人同意是处理个人信息行为获得合法性的重要依据，也是自然人处分自己个人信息权益的重要方式。自然人或者其监护人的同意，实际上就是允许他人处理自己的个人信息。因此，行为人在自然人或者其监护人同意的范围内实施的行为即使对该自然人的权益造成了影响，也是符合信息主体意愿的，行为人无须承担民事责任。但是，行为人在自然人或者其监护人同意的范围内实施的行为应当合理。例如，消费者允许电商处理自己的消费记录并向自己发送精准广告，但电商在处理该消费者的消费记录后，却频频向该消费者推送各种商品广告，对其生活造成了极大干扰，这种行为虽是在该消费者同意的范围内实施的行为，但不合理，并不能完全免除电商的民事责任。

二是合理处理该自然人自行公开的或者其他已经合法公开的信息，但是该自然人明确拒绝或者处理该信息侵害其重大利益的除外。"自然人自行公开"自己的个人信息就是自然人主动将自己的某些个人信息向社会公开。例如，患者主动向社会公开自己的生病经历；某人主动向社会公开自己的性取向或者宗教信仰。自然人自行公开自己的个人信息意味着其在一定程度上同意他人对这些个人信息的处理。"其他已经合法公开"的个人信息是指除自然人自行公开的以外，以其他合法形式公开的个人信息。例如，媒体在新闻报道中依法公开的个人信息、国家机关依法公开的个人信息。合理处理这些已经公开的个人信息，即使对某自然人造成了影响，行为人原则上也不承担民事责任。但是有两种例外情形：第一，该自然人明确拒绝他人处理自己公开的个人信息。个人信息虽然是自然人自己主动公开或者被以其他方式合法公开，但若该自然人明确表示拒绝他人处理这些个人信息的，应当尊重该自然人的意愿，行为人不得擅自处理，除非有明确的法律法规授权。第二，处理该信息侵害自然人重大利益的。在有的情况下，自然人的个人信息虽然是自己主动公开或者是通过其他合法方式公开的，但若处理这些个人信息的行为损害该自然人重大利益的，行为人仍不能免除责任。例如，某人对外公开了自己的电话号码，但行为人却利用这些电话号码频频向某人发送垃圾短信或者拨打垃圾电话，严重滋扰了某人的生活安宁，此时，行为人仍应承担民事责任。本项的"但书"规定是公开使用的例外情形，保证了信息主体的最终决定权，并体现了权利行使的比例原则。

三是为维护公共利益或者该自然人的合法权益，合理实施的其他行为。这是一个兜底性的规定。公共利益涉及国家利益和不特定多数人的利益，任何国家和地区一般都规定，基于公共利益，可以对权利的行使进行限制。自然人对个人信息享有的权益也不例外。我国宪法第51条规定，中华人民共和国公民在行使自由和权利的时候，不得损害国家的、社会的、集体的利益和其他公民的合法的自由和权利。基于此，本条规定，行为人为了维护公共利益，在必要范围内可以合理处理自然人的个人信息。但由于公共利益是一个弹性极大的概念，为避免被滥用，应当严格适用，如公众的健康安全或者追查犯罪行为可以作为公共利益。此外，为了该自然人自己的合法权益，也可以在必要范围内处理其个人信息，如在患者处于病重昏迷状态时，医院为了该患者的生命安全，处理该患者的个人健康信息。需要强调一点，无论是为了维护公共利益还是为了维护自然人的合法权益，行为人在必要范围内实施的收集、处理个人信息行为都应当是合理的，不能借维护公共利益之名，行侵害自然人合法权益之实，否则仍不能免除侵权责任。

> **第一千零三十七条** 自然人可以依法向信息处理者查阅或者复制其个人信息；发现信息有错误的，有权提出异议并请求及时采取更正等必要措施。
>
> 自然人发现信息处理者违反法律、行政法规的规定或者双方的约定处理其个人信息的，有权请求信息处理者及时删除。

❖ 条文主旨 ❖

本条是关于信息主体查阅复制权和更正删除权的规定。

❖ 条文解读 ❖

自然人对自己的个人信息享有一系列权能，包括知情同意权、查阅复制权、更正删除权、受保护权等内容。本法第1035条规定了自然人的知情同意权，第1038条规定了自然人的受保护权，本条则对自然人的查阅复制权和更正删除权作了规定。

自然人对个人信息的查阅复制权是指信息主体有权查阅其个人信息被处理的情况，并有权对处理的个人信息进行复制的权利。查阅复制权在个人信息保护体系中的地位很重要。自然人要行使自己对个人信息的其他权利，必须首先了解自己的哪些个人信息被处理，以及被处理的情况如何，特别是要能了解在此过程中其个人信息是否完整准确。只有这样，才能判断信息处理者的处理活动是否符合信息主体的预期，信息主体也才能够决定是否有必要对相关信息进行更正、删除。所以，信息查阅复制权是确保自然人能够实现这些权利的重要内容，任何组织或者个人都不得非法剥夺。基于此，本条第1款规定，自然人可以依法向信息处理者查阅或者复制其个人信息。

个人信息更正权，简称更正权，是指信息主体有权请求信息处理主体对不正确、不全面的个人信息进行改正与补充的权利。更正权具体包括：个人信息错误更正权，即对于错误的个人信息本人有更正的权利；个人信息补充权，即对于遗漏或新发生的个人信息，本人有补充的权利；个人信息更新权，是本人要求对于过时的个人信息及时更新的权利。确保个人信息的准确性、完整性和及时更新，信息处理者才能确保提供服务的质量，才能有效维护信息主体的合法权益。赋予信息主体更正权是国际上的通行做法,我国网络安全法第 43 条规定,个人发现网络运营者收集、存储的其个人信息有错误的,有权要求网络运营者予以更正。网络运营者应当采取措施予以删除或者更正。因此,本条规定,自然人发现信息有错误的,有权提出异议并要求及时采取更正等必要措施。

个人信息删除权,简称删除权,是指信息主体在法定或约定的事由出现时,有权请求信息控制者删除其个人信息的权利。我国网络安全法第 43 条规定,个人发现网络运营者违反法律、行政法规的规定或者双方的约定收集、使用其个人信息的,有权要求网络运营者删除其个人信息。本条在网络安全法规定的基础上规定,自然人发现信息处理者违反法律、行政法规的规定或者双方的约定处理其个人信息的,有权请求信息持有者及时删除。根据本条的规定,信息主体一般在下列情形下可以请求删除个人信息:一是处理个人信息的行为不合法。例如,信息处理者处理个人信息未取得信息主体的同意,并且也没有法律法规的明确授权;信息处理者的处理行为超出了法定或者约定的范围。二是信息处理者处理个人信息的目的已不存在,其没有必要再保存个人信息。三是信息主体与信息处理者约定的处理个人信息的期限已届满,根据约定,信息主体有权要求删除。需要强调的是,本条规定的个人信息删除权并非欧盟《一般数据保护条例》规定的所谓"个人信息被遗忘权"。目前各方对是否规定"个人信息被遗忘权"争议极大,对这一问题宜继续研究,因此,本法对此未作规定。

> **第一千零三十八条** 信息处理者不得泄露或者篡改其收集、存储的个人信息;未经自然人同意,不得向他人非法提供其个人信息,但是经过加工无法识别特定个人且不能复原的除外。

> 信息处理者应当采取技术措施和其他必要措施,确保其收集、存储的个人信息安全,防止信息泄露、篡改、丢失;发生或者可能发生个人信息泄露、篡改、丢失的,应当及时采取补救措施,按照规定告知自然人并向有关主管部门报告。

❖ **条文主旨** ❖

本条是关于信息处理者对个人信息安全保护义务的规定。

❖ **条文解读** ❖

信息处理者对处理的个人信息负有安全保护义务是确保个人信息安全的重要保障。随着人工智能、大数据技术、拍照技术等科学技术的快速发展,个人信息被泄露、被复制、被窃取的风险越来越大,黑客攻击和大规模的个人信息窃取案件频发,大量网民因个人信息被窃取导致的人身财产损害后果严重。此外,目前网站攻击与技术窃取个人信息的行为正在向批量化、规模化方向发展,用户个人信息权益遭到侵害,特别是一些重要数据信息甚至流向他国,信息安全威胁已经上升至国家安全层面。实践中,因信息处理者未履行对个人信息的安全义务,导致自然人的个人信息被大规模泄露的事件时有发生,如美国脸书公司泄露众多客户个人信息案。如果信息处理者不采取有力措施保护个人信息,会对个人信息主体造成严重滋扰,严重损害其人格尊严,对社会秩序也会造成严重冲击。因此,明确信息处理者对个人信息的安全义务对于个人信息保护至关重要。我国网络安全法、电子商务法、消费者权益保护法等法律和多部行政法规均对个人信息的安全保护义务作了规定。本条在现行法律法规的基础上,从三个方面对信息处理者应当履行的安全保护义务作了规定：

一是信息处理者不得泄露或者篡改其收集、存储的个人信息；未经自然人同意，不得向他人非法提供其个人信息，但是经过加工无法识别特定个人且不能复原的除外。这是对信息处理者自身不得泄露、篡改、非法提供个人信息的要求。信息处理者自己主动泄露、篡改或者非法提供个人信息的行为是极为严重地违反安全保护义务的行为，也是一种故意侵犯个人信息权益的行为，不但要承担民事责任，造成严重后果的，还有可能承担刑事责任。本法第 1035 条明确规定，除法律、行政法规另有规定外，处理个人信息的，应当征得该自然人或者其监护人同意。根据这一规定的逻辑，信息处理者未经信息主体的同意就向他人提供个人信息，就属于泄露个人信息的具体情形。根据本法第 1035 条第 2 款的规定，本章中的"处理"包括向他人提供个人信息的行为，因此，信息处理者向他人提供个人信息必须经信息主体同意，否则将承担侵权责任。当然，本条同时也规定，个人信息经过加工无法识别特定个人且不能复原的，信息处理者可以不经信息主体同意向他人提供。经过加工无法识别特定个人且不能复原的信息就是经过匿名化处理的信息。随着大数据时代、人工智能时代的到来，海量的个人信息数据成为具有重大价值的资产，若对这些信息资产利用得当，必将产生巨大的社会效益，必将有力地推动经济的发展。而通过匿名化技术消除个人信息的信息主体身份特征后加以利用，成为利用这些信息数据的重要手段。个人信息通过匿名化处理后，信息主体很难再被识别出来，对其人格尊严也就不会产生损害，此时的匿名化信息已失去了个人信息最本质的特征，已不再属于个人信息，因此，也就不需要适用个人信息保护的相关规则，信息处理者自然也可以不经信息主体同意就向他人提供这些匿名化的信息。由于本法属于民事基本法，对于

第六章 隐私权和个人信息保护

判断"无法识别特定个人且不能复原的"信息的具体规则和要求,本法并未作规定,这可以由将来的个人信息保护法等特别法或者专门的行政法规、部门规章作出规定。

二是信息处理者应当采取技术措施和其他必要措施,确保其收集、存储的个人信息安全,防止信息泄露、篡改、丢失。信息收集者、控制者除了自己不得主动泄露、篡改、非法提供其收集、存储的个人信息外,还要积极采取措施确保其收集、存储的个人信息安全。这要求信息处理者要为个人信息的储存提供必要的安全环境。虽然本条并没有将这些具体措施作具体化的规定,但原则上要求信息处理者在合理限度内采取必要措施保证信息安全。这些措施主要是技术手段,如设置多重密码、设置防火墙以防止病毒入侵等。在确定具体采取哪些必要措施时,可以结合安全措施的成本和个人信息的性质内容来决定和判断。

三是发生或者可能发生个人信息泄露、篡改、丢失的,应当及时采取补救措施,按照规定告知自然人并向有关主管部门报告。如果信息处理者没有采取措施或者采取的措施不力,导致发生或者可能发生个人信息泄露、毁损、丢失的情况的,其既有及时采取补救措施的义务,同时还有按照规定告知自然人并向有关主管部门报告的义务,以防止个人信息进一步被泄露、篡改、丢失,避免损害的进一步扩大。判断是否构成本款规定的"及时",要结合个人信息被处理和传播的速度,是否能使损害最小化。本款规定的补救措施,可以是本法侵权责任编关于防止网络侵权的删除、断开链接、屏蔽措施,还包括其他可以减少损害的所有合理措施。本款所规定的"告知"和"报告"义务,必须是将相关的危险情况以可以理解的方式,清晰、明确、全面地告知当事人。

> **第一千零三十九条** 国家机关、承担行政职能的法定机构及其工作人员对于履行职责过程中知悉的自然人的隐私和个人信息,应当予以保密,不得泄露或者向他人非法提供。

❖ **条文主旨** ❖

本条是关于国家机关、承担行政职能的法定机构及其工作人员对个人信息的保密义务的规定。

❖ **条文解读** ❖

国家机关、承担行政职能的法定机构及其工作人员在依法履行职责的过程中常常会接触到自然人的隐私和个人信息,这可以体现在两个方面:一是根据法律、行政法规的授权,国家机关、承担行政职能的法定机构及其工作人员主动处理他人的个人信息,或者进入、搜查、监视他人的私密场所,跟踪他人的私密活动等,如公安机关对犯罪嫌疑人进行监视或者跟踪等。二是国家机关及其工作人员在履行职责过程中被动地、不可避免地知悉或者了解到他人的隐私和个人信息,如公安机关在对犯罪嫌疑人进行监视或者跟踪时会不可避免地知悉或者了解到与犯罪嫌疑人相关的其他自然人的一些隐私和个人信息。无论是根据法律、行政法规授权主动知悉的隐私和个人信息,还是在履行职责过程中被动知悉的隐私和个人信息,国家机关及其工作人员都必须予以保密,这是其应遵守的基本法定义务。之所以强调这一点:一是从现实情况看,国家机关及其工作人员在履行职责过程中知悉的隐私和个人信息量多面广。据统计,国家机关知悉或者掌握的自然人隐私和个人信息量远超一般的企业等商事主体。二是国家机关、承担行政职能的法定机构及其工作人员在履行职责过程中知悉或者掌握的自然人隐私和个人信息一般是私密程度较高或者敏感度较大。若国家机关、承担行政职能的法定机构及其工作人员没有强烈的保密意识，导致这些隐私和个人信息被泄露或者公开，有可能对相关自然人的权益造成极大的损害，社会后果也是极为严重的。基于此，本条明确规定，国家机关、承担行政职能的法定机构及其工作人员对于履行职责过程中知悉的自然人的隐私和个人信息，应当予以保密，不得泄露或者向他人非法提供。这就要求国家机关、承担行政职能的法定机构及其工作人员对履行职责中知悉的隐私和个人信息不但要有强烈的保密意识，自己不主动泄露、公开或者非法提供这些隐私和个人信息，还要采取有力的措施确保这些隐私和个人信息不被泄露、不被公开。

需要说明的是，民法典主要调整的是作为平等主体的自然人、法人、非法人组织之间的人身关系和财产关系。人格权编作为民法典的一部分主要调整的也是平等主体之间因人格权的享有和保护产生的民事关系。本章对于个人信息保护的规范也主要限于平等主体之间。所以，从严格意义上讲，本条关于国家机关、承担行政职能的法定机构及其工作人员在履行职责过程中承担对自然人的隐私或者个人信息保密义务的规定不属于民法典规定的内容。但由于国家机关、承担行政职能的法定机构及其工作人员在履行职责过程中掌握了大量个人的隐私和个人信息，且多数为敏感重要的个人信息，一旦被泄露，将对个人造成严重损害，后果也将极为严重。所以，这个问题对于个人信息的保护极为重要，本章从强调的角度对此作了规定。若国家机关、承担行政职能的法定机构或者其工作人员在履行职责过程中违反保密义务，侵害了自然人的权益，权利人可以根据国家赔偿法或者其他相关法律的规定要求国家机关、承担行政职能的法定机构承担法律责任。